# 18. Geburtstag
# Jetzt geht's erst richtig los

*Was du mit 18 alles wissen solltest und wie du erfolgreich in die Zukunft startest*

Autorin

Leonie Lenz

ISBN: 9798488463103

# Inhalt

# HAPPY BIRTHDAY!

Und alles Gute auf deiner
weiteren Reise. Folgende
Worte möchten wir dir mit auf
den Weg geben:

_____

_____

_____

_____

# Einleitung

Was für ein schöner Tag für dich, weil du dieses Buch in die Hände bekommst und auch für uns, weil wir dich dabei unterstützen können, dich ein bisschen besser im Erwachsenenleben zurecht zu finden.

Wenn du 17 Jahre alt oder gerade 18 geworden bist, ist dieses Buch der ideale Wegbegleiter für dich. Es enthält alle Themen, die wichtig sind, für dich an der Schwelle zum Erwachsenenalter zu wissen, zu organisieren und umzusetzen. Zu Beginn wird dir bei der perfekten Planung deiner 18 Jahre Geburtstagsparty geholfen. Dann erfährst du, was für dich rund um das Thema Bankkonto und Geld wichtig zu wissen ist. Auch wird das Thema Versicherungen behandelt. Ganz wichtig ist für dich natürlich auch zu wissen, worauf du beim Abschluss eines Mietvertrages achten solltest und welche Um- und Anmeldeaktionen du tätigen solltest, wenn du umziehst. An vielen Stellen werden finanzielle Anhaltspunkte gegeben, damit du dich orientieren kannst, wieviel alles kostet. Du bekommst wichtige Informationen zum

Thema Führerschein und eigenes Auto. Und selbst, wenn dir noch nicht hundertprozentig klar ist, wie es nach der Schule weitergehen soll, Studium, Ausbildung oder Selbstständigkeit, werden hier interessante Beweggründe genannt. Vielleicht möchtest du aber auch erst einmal ein Jahr ins Ausland gehen, auch für diesen Fall kannst du dich hier informieren. Schließlich bekommst du wertvolle Strategien an die Hand, wie du in deinem Leben Ziele stecken kannst und diese durch geschicktes Vorgehen erreichen.

Stöbere in diesem Buch und finde noch mehr interessante Aspekte, die mit dir zu tun haben und die gut sind, zu wissen.

# Die perfekte Party

Sicherlich freust du dich schon seit Monaten auf deine eigene Geburtstagsparty, die deine Volljährigkeit besiegelt. Damit es eine gelungene Party wird, wartet viel Arbeit auf dich, die bewältigt werden will. Aber das lohnt sich, denn diese Party soll etwas Besonderes werden. Über Nacht wirst du also zur/-m Eventmanager*in, was du dir wahrscheinlich nicht hast träumen lassen. Aber lass dich nicht entmutigen, denn in diesem Buch findest du wertvolle Anregungen, welche dir die Planung erleichtern. Nimmst du die Herausforderung an, wirst du mit deinen Aufgaben wachsen und bald erwachsen.

Zur Planung willst du wahrscheinlich nicht deine Eltern hinzuziehen. Du willst diesen wichtigen Schritt in die Selbstständigkeit allein gehen. Also nimmst du dir einen Stift, Papier und vielleicht noch einen Laptop für deine Planung zu Hilfe. Und wenn du dann noch einige, wenige Freunde und

Freundinnen hast, die dir unter die Arme greifen und auf die du dich verlassen kannst, wäre das optimal. Gute Gedanken und Ideen entspringen leichter mehreren Köpfen, als wenn nur du über die Realisierung deiner Party grübelst und helfende Hände zum Anpacken kannst du auch gut gebrauchen.

**So kannst du vorgehen!**

Organisiere deine Planung:

Fertige dir für jeden der nachfolgenden Punkte eine Checkliste an, die du vor der Party abarbeitest. Das hilft dir immens den Überblick zu behalten und strukturiert und effektiv, die wichtigen Punkte zu erledigen.

# Wie groß ist dein Budget?

Überlege zunächst, wie viel Geld du insgesamt in deine Party investieren willst und kannst. Lege dein Budget für jeden einzelnen Veranstaltungspunkt fest. Wie teuer soll das Catering sein? Das Essen? Die Getränke? Dein Kostüm/ Outfit? Die Location? Die Dekoration? Die Einladungen? Die Geburtstagstorte? Die Tanzgruppe/ Band/ DJ? Die Shuttles? Und schließlich die Reinigungsfirma?

Diese Posten musst du ganz individuell für dich planen und festlegen. Allgemeine Anhaltspunkte gibt es dafür nicht, denn jeden Veranstaltungspunkt kannst du minimal oder aufwändig gestalten. Einzelne Punkte können bei dir auch wegfallen, wie die Kosten für die Location, wenn du zu Hause feierst oder die Reinigungsfirma, wenn du selbst die Endreinigung übernimmst. Catering, Essen, Getränke, Geburtstagstorte, DJ...das sind alles Posten, in die du viel Geld stecken kannst, aber nicht musst.

Überlege also, wie viel Geld du insgesamt in deine Party stecken möchtest und teil diesen Betrag dann auf die einzelnen Posten auf. Als ganz groben Anhaltspunkt kann man sagen: eine ganz rudimentäre, einfache Party kostet ab 3 € pro Person, soll es jedoch etwas aufwändiger sein, musst du schon 10 € pro Person rechnen und ab da sind die Grenzen nach oben offen.

## Welche Art von Feier soll es werden?

Bevor du deine Geburtstagsfeier planen kannst, musst du dir klar darüber sein, was für eine Art Feier es denn werden soll. Die Location, das Essen, dein Kostüm oder Outfit – wird ein Bikini gebraucht?... alles richtet sich nach Art oder Motto der Party. Du könntest eine Karaoke-Party abhalten wollen, oder doch lieber eine Cocktail-Party, oder eine Pool-Party, eine Tanzparty oder eine Party mit einem übergeordneten Thema, eine Kostümparty oder eine Grillparty im Freien…um nur einige zu nennen.

Bei einer **Hausparty** solltest du die häusliche Location gründlich vorbereiten. Sage deinen Eltern rechtzeitig Bescheid, damit du das Reich ganz für dich allein hast. Setze auch die Nachbarn rechtzeitig in Kenntnis und bitte um Verständnis, damit Sie sich nicht wegen nächtlicher Ruhestörung beschweren.

Sperre private Zimmer ab, besonders, wenn auch Leute kommen, die du nicht so genau kennst, weil sie vielleicht von geladenen Gästen mitgebracht werden. Schließe zerbrechliche Gegenstände wie Vasen, Laptop usw. weg. Sperre heikle Ecken, z.B. wo der Fernseher steht, mit Stühlen ab. Es ist auch angebracht, Teppiche wegzuräumen. Und du tust dir einen Gefallen, wenn du in Plastikbechern ausschenkst. Gläser gehen schnell zu Bruch und auf Plastikbechern kann man seinen Namen schreiben, was sehr ratsam ist.

Aus einer Hausparty kannst du auch leicht eine Grillparty machen. Wenn du nicht die ganze Zeit am Grill stehen möchtest, brauchst du nur eine*n kompetente*n Grillmeister*in.

Das **Sleepover (Pyjamaparty)** erfreut sich gerade bei Mädchen großer Beliebtheit, wird aber auch gern bei Männern zum 18. Geburtstag meist in einem kleineren Kreis gefeiert. Da insbesondere nur beste Freundinnen bzw. Freunde eingeladen werden, ist die Anzahl der Gäste in der Regel beschränkt. Stelle die Möbel um oder lagere sie kurzfristig im Keller oder auf dem Dachboden ein. Störende Möbel kannst du auch in ein anderes Zimmer verfrachten.

Als Verpflegung bieten sich Snacks und Fast Food an: Als warmes Essen kommen Pizza, Hamburger, Pommes oder chinesisches Essen in Frage. Typischerweise sind die Snacks auf einem Sleepover Chips, gesalzene Erdnüsse, Marshmallows, Schokolade und Salzstangen. Deine Vegetarischen Freundinnen und Freunde freuen sich über leckere Salate mit Dressing, Gemüsesticks mit Dip, kleingeschnittenes Obst, wie Apfel, Kiwi oder Ananas. Neben kalten Erfrischungsgetränken dürfen warme Getränke, wie Schokolade und Tee nicht fehlen und natürlich Alkohol. Man kann auch Shakes zubereiten. Dazu stehen geschnittenes, weiches Obst und ein Mixer bereit.

Da das Sleepover zu Hause stattfindet, ist es unbedingt wichtig, dass du das Ereignis mit deinen Eltern gut absprichst. Sicher möchtest du die Wohnung mit deinen Gästen für dich allein haben. Ähnlich wie bei einer Hausparty, solltest du auch hier mit den Nachbarn das Gespräch suchen, damit sie sich dir gegenüber wegen eventueller Lärmbelästigung nachsichtig zeigen. Zwar ist die Musik auf einer Pyjamaparty eher moderat und weich, harte Bässe werden vermieden, doch ist es besser die Nachbarn mit einzubeziehen und um Verständnis zu bitten, als wenn die Polizei plötzlich mitten in der Nacht vor der Tür steht. Das möchte man auf der eigenen Party nicht und die Stimmung wird dadurch auch nicht gehoben.

Auch bei der Dekoration solltest du nicht übertreiben. Gemütlichkeit ist gefragt.

Versuche, Gästebett und Sofaschlafplätze mit einzubeziehen. Decken und Kissen sind ebenfalls gefragt. Ansonsten sorgen die Gäste selbst für ihre Schlafmöglichkeiten, indem sie Isomatte, Luftmatratze und Schlafsack mitbringen.

Um einen gemütlichen Abend in entspannter Atmosphäre zu gewährleisten, kannst du einen Film im Internet organisieren. Am besten einen, den deine Freundinnen und Freunde noch nicht gesehen haben. Bei Popcorn habt ihr mit einer Komödie oder einem Gruselfilm die besten Chancen auf einen kuscheligen und spannenden Abend.

Zusätzlich bzw. alternativ freuen sich deine Gäste auch über Spiele an einer Spielekonsole. Möchtest du dich mit deinen Gästen kreativ auslassen, dann kannst du auch beim Licht einer Taschenlampe selbst erfundene Gruselgeschichten erzählen. Beliebt ist es, Wahrheit oder Pflicht mit einer leeren Flasche zu spielen. Bei der Kissenschlacht mit weichen Kissen kommt der Kreislauf so richtig in Schwung. Für deine Freundinnen kannst du viel Schminke besorgen. Dann könnt ihr Blindschminken spielen, wobei ein Mädchen mit verbundenen Augen ein anderes schminken muss.

Die Party wird erfahrungsgemäß am nächsten Morgen mit frischem Brot, Cornflakes und Brezeln beendet. Und geeigneten Frühstücksgetränken, wie Kaffee, Tee oder was die Gäste so gewohnt sind.

Die **Party im Freien** findet hauptsächlich im Sommer statt, wenn das Wetter entsprechend gut ist. Bevorzugter Ort ist der Baggersee, aber auch im Frei- oder Hallenbad ist sie möglich. Die Anzahl der Gäste sollte übersichtlich bleiben, denn bei zu vielen Leuten bilden sich schnell Grüppchen, die dann die Party im Alleingang mit unerwarteter Dynamik führen.

Als Essen eignet sich ein Picknick aus frischem Obst, welches sich auch in der Mittagssonne gut hält. Gemischter Salat mit Gemüse und Couscous und Quinoa, aber auch andere Salate, wie Blattsalat und Nudelsalat werden gern gegessen. Saftige Sandwiche mit Thunfisch lassen sich zu Hause vorbereiten, ebenso wie Eiersalat.

Kalte Getränke zur Erfrischung sind besser als Alkohol. Wenn du im Freibad feierst, dann informiere dich vorher, ob und in welcher Art Alkohol erlaubt ist. Bei der Kombination aus Alkohol und Schwimmen musst du sowieso sehr vorsichtig sein, da angetrunkene Freundinnen und Freunde im Wasser schnell in lebensbedrohliche Situationen geraten können. Es liegt in deiner Verantwortung, den Überblick über Alkoholkonsum und Schwimmaktivität deiner Gäste zu behalten, was ehrlicherweise nicht einfach ist. Naheliegend ist es, den Alkoholkonsum am See von vornherein zu beschränken, bzw. auf starke, alkoholische Getränke zu verzichten. Informiere dich vorher, welche Regeln an dem See oder Baggersee herrschen, da es auch hier sein kann, dass Alkohol streng verboten ist.

Bei der Party im Freien muss gut auf eine Kühlung der Speisen und Getränke geachtet werden. Snacks, Eis und Süßigkeiten sind ebenfalls gefragt. Zum gemütlichen Verzehren der Speisen mit deinen Freunden solltest du noch ein paar Picknickdecken parat haben.

In manchen Freibädern oder Hallenbädern haben Geburtstagskinder freien Eintritt. Wenn du also genau an deinem Geburtstag feierst, kannst du dir das zu Nutze machen. Wenn du an öffentlichen Plätzen feierst, bräuchtest du eigentlich jemanden, der die ganze Zeit auf die Wertgegenstände aufpasst. Wenn das nicht der Fall ist, sollten Wertgegenstände mit einem Schloss gesichert werden. Das könnten auch Gäste mitbringen. Im Freibad kann man meist Schließfächer nutzen.

Das Freibad hält meist Gelegenheiten, sich zu amüsieren, bereit. Dazu gehören ausleihbare Wasserbälle, Rutschen, Wellenbäder usw. Zusätzlich bietet es sich an, kleine Sportgeräte, wie Frisbees oder Tischtennisschläger, Volleyball usw. mitzunehmen. Diese kleinen Sportgeräte sollte man für den Baggersee sowieso organisieren, da dort nichts bereitgestellt wird.

Dafür kann man am Baggersee gut zur Ergänzung zum Picknick Barbecue machen. In dem Fall sind Grill, Kohle, Anzünder und natürlich das Grillgut mitzubringen.

**Bowling** ist auch eine Möglichkeit, seinen 18. Geburtstag zu feiern. Es ist aber etwas kostspieliger, da man in einem Bowlingcenter spielen muss, wo es eine Bahn zu mieten gilt. Informiere dich vorher im Bowlingcenter nach den Preisen, da diese nach Datum und Uhrzeit variabel sind. Eine übliche Abrechnungsmethode ist pro Kopf und pro Spiel, sodass man für ein Spiel als Durchschnittswert 3 € pro Kopf bezahlt. Wenn man im Bowlingcenter feiern möchte, dann sollte man vorher ausrechnen, wie viele Leute man einladen kann. Das richtet sich nach dem Budget, wie viel du insgesamt in das Bowling investieren möchtest. Auch wird sicher eine Bahn nicht reichen, da an einer Bahn meist nur acht Leute spielen können. Du solltest also entsprechend viele Bahnen mieten und dann die Anzahl der Personen, die an einer Bahn spielen ausgleichen, sodass an den unterschiedlichen Bahnen kein Ungleichgewicht besteht.

Das Ausleihen der Bowling-Schuhe schlägt meist mit etwa 2 € pro Person zu Buche.

Wenn dein Budget entsprechend hoch ist, dann kannst du deine Gäste in das im Bowlingcenter vorhandene Restaurant oder in den dazugehörigen Biergarten einladen. Dort gibt es alles, was gern gegessen wird. So gibt es Fleisch und Pommes, Nudeln und Pizza und natürlich jede Menge Eis. Falls dir die Preise zu hoch sind, und es ist verhältnismäßig teuer, oder falls du deinen Gästen etwas anderes servieren möchtest, dann müsstest du dich bei den Bowlingveranstaltern informieren, ob und was du zu Essen mitbringen darfst, denn dort herrschen strenge Regeln, die befolgt werden müssen. Das Gleiche gilt für Snacks und Getränke.

Es kann aber auch sein, dass die Bowling-Anlage spezielle Angebote für Geburtstagsfeiern hat, bezüglich der Speisen und Getränke. Manchmal können Geburtstagsgäste günstiger bowlen oder günstiger essen und trinken. Manchmal gibt es auch einen Gruppenraum für die Feier.

Die meisten Bowling-Anlagen haben neben den Bahnen auch noch andere Geräte, an denen man sich vergnügen kann. So wie Tisch-Kicker, Billardtische, Dartscheiben und einige sogar Air-Hockey-Tische. Gäste, die keine Lust mehr auf Bowling haben, können sich hier optimal vergnügen. Allerdings muss man für die Benutzung in der Regel etwas bezahlen.

Du gestaltest das Bowling-Event spannender, wenn du an mindestens zwei Bahnen eine Art Wettbewerb daraus machst. Die Bahn, an welcher mehr Kegel fliegen, gewinnt.

Die Party im **Freizeitpark** gehört zu den kostspieligen Events. Ihr werdet jedoch belohnt, weil der Spaßfaktor so hoch ist. Dort warten Shows, Geisterbahnen, Achterbahnen, Auto-Scooter und vieles mehr auf dich und deine Gäste. Beliebte Ziele sind der Heidepark Soltau oder der Europa-Park in Rust. Theoretisch kannst du so viele Gäste einladen, wie dein Budget hergibt. Allerdings ist zu bedenken, dass sich größere Gruppen im Park meist teilen und verlaufen. Du hast also nicht mehr mit allen Gästen zu tun und wirst den Überblick verlieren. Wenn du genau das beabsichtigst, brauchst du dir außer um die finanzielle Grenze um die Gruppenstärke keine Gedanken machen. Wenn du allerdings mit deinen Freunden und Freundinnen zusammenbleiben möchtest und die Events gemeinsam erleben willst, solltest du bei einer Gruppenstärke von höchstens 6 – 8 Personen bleiben.

Ein weiterer Kostenpunkt im Freizeitpark ist das Essen. Wenn du die Speise wählst, die der Park in seinen Restaurants und Bistros für dich bereithält, dann wird es weiter teuer. Allerdings gibt es dort warme Mahlzeiten. Die kannst du schlecht mitbringen. Du kannst aber selbst für Getränke und Snacks und kalte Mahlzeiten sorgen, wie belegte Brote und Sandwiches. Obst, das nicht schnell matschig wird, bietet sich ebenfalls an, wie Äpfel oder nicht so reife Bananen. Du kannst auch einen Dip für Gemüse vorbereiten und Gurke, Paprika, Karotte und Kohlrabi in Stifte schneiden. Als Snacks kommen Süßigkeiten in Frage, die in der Sommersonne nicht schmelzen, aber auch Studentenfutter und anderes Knabberzeug.

Damit nicht du die ganze Verpflegung durch den Park schleppen musst, so würde bei dir kaum Freude aufkommen, kannst du Speisen auch auf die Gäste aufteilen. Das gleiche gilt natürlich für die Getränke. Lass jeden ½ Liter Wasser selbst tragen. Schließlich ist die Getränkefrage auch wieder eine Frage des

Geldbeutels. Denn Trinken gibt es in den Kiosk für jeden genug zu kaufen. Nur eben für entsprechendes Geld. Wenn du sowieso schon bereit bist, für Freizeitpark und Verpflegung tiefer in die Tasche zu greifen, kannst du auch die wahren Süßigkeiten mit Schokolade am Kiosk kaufen.

Auf keinen Fall solltest du einfach so im Freizeitpark mit deinen Gästen auftauchen, ohne dich vorher über Preise und Gruppenrabatte informiert zu haben. Die Parks bieten normalerweise eine Ermäßigung für Geburtstagskinder an, die ihren Geburtstag an genau dem gleichen Tag feiern. Dafür muss man seinen Personalausweis vorlegen. Oftmals gilt die Ermäßigung aber nur bis 17 Uhr. Erkundige dich also besser vorher.

Wenn du also im Freizeitpark feiern möchtest, dann erfrage vorher auch die Uhrzeiten für die Shows und andere Events. Wenn ihr schon den Freizeitpark besucht, dann möchtet ihr sicherlich auch alles mitnehmen: neben den Geräten die Artistenshows, Musicals und Wassershows, sofern sie angeboten werden. Da dies viel Programm für einen Tag ist, kannst du auch überlegen, ob du ein 2-Tages-Ticket kaufen möchtest. Dann hättest du zwei Tage Zeit, die Vorzüge des Freizeitparks zu genießen und würdest dich mit deinen Gästen in der Nähe für eine Nacht einquartieren. Als Tipp: Feiere dann nicht unter der Woche, sondern am Wochenende oder in den Ferien, wenn das volle Programm stattfindet, sodass sich der Einsatz und Aufwand lohnt.

Wer nicht zu Hause feiern möchte, kann sich einen **Partyraum mieten**. Passende Locations werden zuhauf auf entsprechenden Suchseiten im Internet angeboten. Filtern kann man nach der Größe des Raums, Lage, Ausstattung und verfügbarem Budget. Wenn alle anderen Möglichkeiten eher auf einen überschaubaren Personenkreis abzielen, kann man hier bis zu 200 Gäste einladen. Normalerweise ist im Internet für jeden Geschmack und Geldbeutel das Richtige zu finden.

Die Verpflegung besteht vorzugsweise aus mehreren Buffets, die im Laufe des Abends, bzw. der Nacht ausgetauscht werden können. Die Speisen sollten nach bestimmten Themen gruppiert werden, so z.b. ein Snackbuffet, an dem es Chips und Salzstangen gibt, die immer zu Verfügung stehen sollten. Ein Kuchenbuffet bietet Kuchen, Donuts, Muffins und andere Leckereien. Das Salatbuffet wartet mit Nudelsalat und anderen gemischten Salaten auf. Ein Buffet mit warmem Essen wie Suppe, Pizza und Fleischhäppchen darf natürlich nicht fehlen.

Wenn du dir diese Arbeit zu deinem 18. Geburtstag nicht selbst aufhalsen möchtest, kann du sie entweder delegieren, indem du Speisen von verschiedenen Freundinnen und Freunden mitbringen lässt. Für die Übersicht müsstest du eine Checkliste anlegen, damit du weißt, wer was mitbringt. Diese Vorgehensweise bietet sich vor allem für Partys mit einer überschaubaren Personenzahl an. Wenn du aber die Party mit 200 Personen planst, dann solltest du dir die Arbeit mit den Speisen nicht machen, sondern ein Cateringunternehmen mit der Verpflegung beauftragen. Dieses bereitet die einzelnen Buffets vor und beliefert sie, ohne dass du dir in irgendeiner Art und Weise Sorgen machen musst. Das Cateringunternehmen sorgt für Vielfalt und für die optische Gestaltung, denn das Auge isst bekanntlich mit.

Passe das Getränkeangebot der Anzahl deiner Gäste an. Es sollten kalte Erfrischungsgetränke zur Verfügung stehen. Berücksichtige das Alter deiner Gäste und stelle auch ein Angebot an alkoholischen Getränken zusammen, wie Sekt und Bier oder Punsch für die kalte Jahreszeit.

Wenn du selbst für die passende Musik sorgen möchtest, liegt es an dir, für eine gute Stimmung zu sorgen, damit deinen Gästen nicht langweilig wird. Gehe dafür nicht nur auf deinen eigenen Musikgeschmack ein, sondern berücksichtige auch den, deiner Gäste. Spiele auch die Songs, die sie gerne hören. Um den Raum zu beschallen und für gute Stimmung zu sorgen, benötigst du auf jeden Fall gute und große Boxen, die du über diverse Anbieter im Internet mieten kannst. Wenn du dir das alles sparen willst, kannst du dir auch einen DJ mieten, der mit seinem ganzen Equipment kommt. Hier wird im Vorfeld der Musikgeschmack in einem Musikwunsch-Fragebogen abgefragt. Die dritte Möglichkeit, neben selbst Musik machen, ist, eine Band zu buchen. Wenn du nicht schon eine Band kennst, die in Frage kommt, ist es jedoch schwierig, eine gute Band, die dem Geschmack und den Vorstellungen entspricht zu finden. Sie soll ja auch nicht zu teuer sein.

Die Dekoration im gemieteten Partyraum ist wichtig, da der Raum ohne Konfetti, Girlanden, Luftschlangen und Luftballons meist leer und kalt wirkt. Die Dekoration bringt die persönliche Note mit.

Zu guter Letzt kannst du auch einen Alleinunterhalter buchen, der die Partylaune aus deinen Gästen herauskitzelt. Pass aber auf, dass du nicht zu viel organisierst, da deine Party sonst zu einem Kindergeburtstag ausartet.

Die kostspieligste, hier vorgestellte Variante der Geburtstags-Party stellt wohl die **Party-Tour** dar. Hier würdest du dich in einer Limousine mit deinen Freundinnen und Freunden durch die Stadt kutschieren lassen, um dann vor einem Club zu enden, in dem ihr so richtig abfeiern könnt. Die Anzahl der Gäste richtet sich zum einen nach dem Budget. Aber mehr als 6 – 8 Personen können es im Normalfall nicht werden, weil die Limousine meist nicht mehr Fahrgäste fasst.

Die Getränke stammen normalerweise aus der Bar in der Limousine. Mitgebrachtes Essen und Getränke sind nicht gestattet. Erkundige dich also besser vorher nach den Preisen für die Snacks und die Getränke, damit es keine bösen Überraschungen gibt. Alkoholische Getränke, wie Sekt, Wein oder Champagner, werden vom Limousinenservice auch nach Absprache bereitgestellt. Bedingung ist jedoch, dass alle Gäste über 16 Jahre alt sind. Ansonsten könnt ihr auf kalte Erfrischungssäfte wie Orangensaft zurückgreifen. Die Drinks müssen dann bis zum Ziel warten, dort gibt es sie z.b. im Club. Wer Angst hat, hungrig im Auto zu sitzen, sollte am besten vorher schon etwas essen oder sie und er müssen warten, bis die Fahrt beendet ist.

Angeboten werden einige gute Limousinenservices wie z.B. EliteLimo, dort gibt es Karaoke im Auto oder StarLimos. Beim Limousinenservice wird der Chauffeur mitgemietet. Bevor du mit deiner Geburtstagsgesellschaft einsteigst und losfährst, solltest du dir die Papiere des Autos zeigen lassen. Begutachte auch das Auto, damit du nicht auf Betrüger hereinfällst und es so ist, wie du es dir vorgestellt hast.

Frage auch nach speziellen Angeboten für Geburtstage, die meisten Limousinenservices halten so etwas bereit. In so einer Limousine werdet ihr richtige Partystimmung entwickeln, da es die passende Musik gibt, das Auto dekoriert ist und mit voreingestellten Lichtern versehen. Die passende Musik für eine Playlist wird meist im Vorfeld mit einer Musikabfrage erstellt. Dazu gibt es einen Fragebogen. Die Lichter kann man im Auto nach den eigenen Wünschen anpassen und verändern. Die Partylaune wird dadurch unterstrichen, dass die Tour meist abends stattfindet, wenn es schon dunkel ist und die Lichter richtig gut zur Geltung kommen.

Da die Tour nicht immer vor einem Club enden muss, kommen hier noch einige Idee für andere Ziele: Falls ihr nicht so auf Tanzen ausgelegt seid, könntet ihr auch vor einer Kneipe oder einem Pub stoppen. Falls ihr euch euren Hunger bewahrt habt, bietet es sich an, vor einem Café oder einem Restaurant zu halten. Oder ihr macht eine Shoppingtour im Anschluss und haltet vor einem Shoppingcenter. Wir wäre es, wenn ihr einen Kinobesuch folgen lassen würdet? Oder ein Konzert? Ihr könnt euch auch glamourös zu einer privaten Party kutschieren lassen.

## Wen will ich einladen?

Wenn du dich für eine Art von Party entschieden hast, solltest du dir Gedanken darüber machen, wen du überhaupt einladen willst. Eine große, anonyme Party, auf der alle durcheinander wuseln und du die wenigsten wirklich kennst, schwebt dir wahrscheinlich gar nicht vor. Besser lädst du die Freundinnen und Freunde ein, die du gut kennst und denen du vertrauen kannst. Du bist als Gastgeber*in dafür verantwortlich, dass sich niemand prügelt oder mit einer Alkoholvergiftung in das nächste Krankenhaus eingeliefert werden muss. Du möchtest auch keine unliebsamen Überraschungen erleben, wenn bei dir zu Hause Inventar demoliert wird. Wenn auf deiner Geburtstagsfeier Chaos entsteht, wirst du als erwachsenes Geburtstagskind zur Rechenschaft gezogen. Du bist verantwortlich für das Wohlbefinden deiner Gäste. Und noch etwas ist zu bedenken: Mehr feiernde Gäste benötigen auch mehr Platz, bzw. sind auf kleinem Platz gedrängt und Rangeleien können eher entstehen. Mehr Gäste produzieren auch mehr Geräusche, d.h. Nachbarn können sich noch eher gestört fühlen.

# Wie soll die Einladung aussehen?

Du kannst die Einladungen schnell und einfach per SMS oder WhatsApp verschicken. Du kannst aber auch eine klassische Einladungskarte aus Papier kreieren und dabei deiner Kreativität vollen Lauf lassen. Das erlaubt dir, die Karten persönlich zu gestalten, wobei dir auf keinen Fall Rechtschreibfehler unterlaufen sollten. So eine Gestaltung braucht natürlich Zeit und evtl. auch professionelle Hilfe, die z.B. im Internet angeboten wird.

# Wie lange muss ich planen?

Wie lange du planen musst, kann man so pauschal nicht sagen. Es kommt zum einen darauf an, wie aufwändig deine Party ist und wie viel Vorbereitungszeit sie braucht. Zum anderen hängt es davon ab, wie viel du planen möchtest: Eine mehr oder weniger spontane Hausparty, für die jede und jeder etwas mitbringt, ist in einer Woche auf die Beine gestellt. Wenn du etwas mieten und Erkundigungen einziehen möchtest, dann brauchst du natürlich länger. Wenn du alles gut planen möchtest, solltest du schon ein halbes Jahr vor dem Termin anfangen, dir Gedanken zu machen und ein Planungskomitee zusammenstellen.

Die erforderliche Planungszeit hängt auch davon ab, ob du jeden Tag intensiv daran arbeitest oder nur gelegentlich ein bisschen.

# Wie möchte ich meine Gäste unterhalten?

Gute Unterhaltung der Gäste ist wichtig, damit keine Langeweile aufkommt. Als besondere Highlights kannst du spezielle Tanzeinlagen einplanen, kleine Shows und Spiele. Vielleicht ist ein Gast ein Mitglied in einer Band und kann etwas zum Besten geben oder jemand kennt Zaubertricks, die gut präsentiert die Aufmerksamkeit bündeln. Vielleicht hat jemand ein besonders witziges Talent oder andere herausragende Fähigkeiten. Damit es lustig wird, muss nicht unbedingt Alkohol im Spiel sein.

Es ist geschickt, Materialien, wie eine Flasche, Würfel und Karten für Spiele bereitzuhalten, die dann spontan, wenn sich die Gelegenheit bietet, gespielt werden können. Auf der Party könnt ihr euch gut mit Bierpong, Wer bin ich?, Karaoke, Flachwitz-Challenge, Never have I ever oder Flaschendrehen unterhalten.

Checke aber nochmal deine Gästeliste, denn Trinkspiele sollten erst ab 16 Jahren gespielt werden.

# Welche Speisen und Getränke
# soll es geben?

Entscheide dich, ob es auf deiner Party richtiges Mittagessen oder ein Kuchenbuffet oder beides geben soll. Soll es Fastfood geben oder Hausmannskost oder anderes richtig gekochtes Essen. Ein Snackbuffet sollte es auf jeden Fall geben. Allgemein sind Buffets von Speisen oder Getränken gern gesehen. Stell dafür einen Tisch im Barbereich oder am Rand auf. Platziere dort einen Kasten mit Sprudelwasser und einen mit stillem Wasser. Neben Snacks kannst du am Snackbuffet Häppchen, Pizza, Sandwiches, Salzstangen, Popcorn und Chips anbieten. Bedenke, dass du deine Speisen auch lagern musst, bis es so weit ist: Bier, Cola, Schokolade, überzogene Obstspieße und Eis wollen gut gekühlt werden. Salzgebäck kannst du einfach im Schrank lagern.

Du hast auch die Möglichkeit, den Alkohol von deinen über 18-jährigen Freunden mitbringen zu lassen. Das hat neben einem positiven, finanziellen Nutzen den Vorteil, dass deine Freunde nur so viel Alkohol und die Art von Alkohol mitbringen, wie sie selbst verzehren wollen. Dein Budget wird entlastet und es ist deutlich schwieriger, sich nutzlos zu betrinken. Wenn Gäste ihre Getränke selbst mitbringen, wird deutlich weniger verschüttet.

Wenn auf deiner Party Alkohol getrunken wird, kann es sein, dass sich der eine oder die andere betrinkt. Im angetrunkenen Zustand kannst du niemand allein nach Hause schicken. Als Gastgeberin steht das Wohl deiner Gäste in deiner Verantwortung, bis sie wieder wohlbehalten zu Hause sind. Das gehört sich so als Gentleman oder als gute Gastgeberin. Mache dir also darüber Gedanken, wie deine Gäste wieder heil nach Hause kommen. Hast du die Möglichkeit, ein Shuttle einzurichten?

Auf jeden Fall ist es zu empfehlen, nicht die harten Alkoholika auszuschenken, sondern auf Sekt, Bier und alkoholische Mischgetränke zu setzen. Ihr könnt auch Getränke mit Cola selbst mischen.

## Welches Outfit ziehe ich an?

Ob du ein Kostüm trägst oder ein anderes Outfit wählst, sollte schon einigermaßen lange vorher klar sein. Kümmere dich rechtzeitig um dein Outfit und überlege, welches Styling du tragen willst. Dazu testest du rechtzeitig verschiedene Frisuren und probierst verschiedene Make up aus. Wenn dann der Tag der Party naht, bist du bestens vorbereitet und legst alles, was du brauchst schon am Vorabend heraus.

# Wie will ich dekorieren?

Besonders selbstgebastelte Dekogegenstände verleihen deiner Party eine persönliche Note. Aber es dürfen auch gekaufte Lichterketten, Schokobrunnen, Blumen, Girlanden, Luftschlangen, Polaroid-Fotos, Wunderkerzen, Lampions, Luftballons oder Diskokugeln sein. Oder wie wäre es mit einer Piñata? Hier werden nach lateinamerikanischer Tradition mit Süßigkeiten gefüllte Pappmachè-Figuren zerschlagen, sodass die Süßigkeiten zur Freude der Gäste hervorquellen.

## Erfülle dir einen Herzenswunsch

Dein 18. Geburtstag soll unvergesslich sein. Such dir daher ein Geschenk aus, das auch unvergesslich ist – ein richtiger Herzenswunsch. Vielleicht träumst du von einem besonderen Flug mit dem Helikopter, dem Paragleiter oder dem Ballon. Oder du hast einen besonderen Musikwunsch und träumst von einem speziellen Konzertticket. Oder möchtest du so gern einmal mit Delfinen schwimmen? Vielleicht schwärmst du auch von einem Parisaufenthalt mit deiner Freundin oder deinem Freund? Oder du möchtest so gern einen Tauchkurs machen? Oder wie wäre es mit einem Fußballspiel mit deinem besten Freund? Hier sind nur wenige Optionen genannt. Aber sicher schlummert in dir auch so ein Herzenswunsch, der nur darauf wartet, erfüllt zu werden. Dann hast du nun die Gelegenheit, dir etwas zu wünschen und dieses auch erfüllt zu bekommen.

# Welche Geburtstagstorte möchte ich?

Du musst dich nun entscheiden, ob deine Geburtstagstorte selbst gebacken oder gekauft werden soll. Das hängt sicher auch vom Geschick deiner Freunde und Eltern ab, die dir beim Backen behilflich sein könnten. Oder hast du vielleicht sogar eine*n passionierten Bäcker*in in der Familie oder im Bekanntenkreis? Die Torte soll so groß sein, dass sie für alle Gäste reicht, also unter Umständen sehr groß. Eine große, personifizierte, gekaufte Torte kann teuer werden. Eine einfache Torte ist wohl schon für 75 € zu bekommen. Für eine Motivtorte, die einen Caketopper oder eine Modellage hat, musst du schon mindestens 100 € kalkulieren. Und eine 3 D-Torte mit einem Auto oder einem Teddybären ist ab ca. 200 € zu haben. So eine Torte ist normalerweise für 20 – 25 Personen konzipiert.

Weißt du bei mindestens einer Person von einer Lebensmittelunverträglichkeit oder -allergie gegen bestimmte Zutaten, wie Gluten, Laktose oder Milch, so könnte für dich ein Torten- oder Kuchenbuffet eine Alternative zur Torte sein. Das ist auch ohne Unverträglichkeiten eine gute Möglichkeit. Ein Kuchenbuffet könnte für jede*n etwas Leckeres, passendes dabei haben. Es könnten auch dekorative Cupcakes dabei sein.

# Kann ich mir von guten Freunden oder Freundinnen helfen lassen?

Gute Freunde und Freundinnen kannst du auf jeden Fall um Hilfe fragen. Das geht schon los, bei kleinen Überlegungen, wie welches Outfit steht mir richtig gut? oder welche Deko wäre schön? Welche Spiele können wir spielen? …

Sie können aber auch richtig offiziell mit in die Planung eingebunden werden und sich damit auch verantwortlich fühlen.

Damit wird die Last auf mehrere Schultern verteilt, was dir sicher guttut. Und schließlich können sie dir auch tatkräftig zur Seite stehen, wenn es zum Beispiel heißt, Luftballons aufzublasen.

## Welche Musik soll gespielt werden?

Die Musik ist auf deiner Party sehr wichtig, denn sie trägt erheblich zur guten Stimmung bei und soll zum Tanzen anregen. Möchtest du eine Playlist laufen lassen oder einen DJ engagieren? Auf jeden Fall solltest du dir gute Boxen besorgen, damit die Gäste mit guter Musik zum Tanzen angeregt werden. Bei der Musikfrage sollte ein bisschen mehr Geld ausgegeben werden. Im Vorfeld kann man mit einem Musikfragebogen klären, welche Musik gespielt werden soll. Die Frage nach der Tanzfläche muss auch geklärt werden. Vielleicht gibt es auch Gäste, die gut singen, dann können die auch mit einbezogen werden. Und schließlich könnten die Gäste auch Fans von Karaoke sein. Dann bietet es sich an, eine Karaoke-Phase zu planen.

Denk unbedingt daran, die Party in der Nachbarschaft rechtzeitig publik zu machen. Du möchtest ja nicht negativ auffallen. Und was gäbe es Schlimmeres als daran zurückzudenken, wenn dir auf deiner Party zum 18. Geburtstag die Polizei wegen nächtlicher Ruhestörung einen Besuch abgestattet hat.

## Grenzen setzen ist wichtig

Setze eindeutig den Beginn und auch das Ende deiner Party fest. Deinen Gästen muss klar sein, sich an bestimmten Grenzen und Regeln zu orientieren. Zum Ende der Veranstaltung, welches du eindeutig festlegst, müssen Sie die Location zuverlässig räumen. Sie dürfen nicht zu viel Alkohol trinken.

Ansonsten hast du das Problem, wie du angetrunkene Gäste wieder wohlbehalten nach Hause bekommst. Die Gäste dürfen drinnen nicht rauchen. Daran muss sich auch jeder und jede halten. Ansonsten musst du tatsächlich jemanden hinauswerfen, wenn sich jemand nicht richtig benehmen kann. Damit du möglichst nicht in eine unangenehme Situation kommst, solltest du deine Gästeliste gründlich gecheckt haben und nur Freunde und Freundinnen einladen, auf die du dich einhundertprozentig verlassen kannst. Du bist schließlich das Geburtstagskind und diesen besonderen Tag sollte dir nichts und niemand kaputt machen.

## Nach der Feier Aufräumen

Die Location, egal ob du zu Hause feierst oder in einem gemieteten Ambiente, soll nach der Party wieder genauso gesäubert und aufgeräumt werden, wie du sie vor der Party vorgefunden hast. Um das zu schaffen, muss schon vorher geklärt werden, wer zum Aufräumen bleibt und tatkräftig mit anpackt. Sonst stehst du allein, vor einem Berg von Chaos, Schmutz und Müll. Bereite dich vorher schon auf die Mülltrennung vor: Plastikmüll, Becher, Strohhalme und Essensreste müssen fachkundig entsorgt werden. Bereite dich darauf vor, dass du eventuell irgendwo Rotweinflecken entfernen musst. Hab genügend Wischmaterial dabei, um auch Bierlachen zu bereinigen. Und auch hier zeigt sich wieder die Gästewahl: Lade nur Menschen ein, von denen du weißt, dass die auf die Dinge Acht geben, die ihnen nicht gehören.

Du siehst selbst, eine Party zu planen ist mit viel Aufwand verbunden. Die Planung erfordert Zeit und Geduld. Eine Checkliste, die die Dinge festhält, die bedacht und geplant werden wollen ist unerlässlich. Ebenso unerlässlich wie Freunde, die man mit einspannen kann. Wenn alles gut vorbereitet ist, kannst du die eigene Feier auch genießen und darauf kommt es ja an. Und Freunden, die dir helfen, kannst du später auch helfen, nach dem Motto `eine Hand wäscht die andere´. Verlier beim Planen nicht schon die Nerven, das wäre nicht optimal. Wenn du merkst, dass die Planung an deinen Nerven zerrt und du überfordert bist, versuche, Aufgaben zu delegieren. Verteile die Verantwortung auf mehrere Schultern. Und verabschiede dich vom Perfektionismus. Es muss nicht alles perfekt sein. Dein Freundeskreis kann dir einige, positive Überraschungen bescheren, wenn du ihn entsprechend forderst. Wenn mehrere Gehirne ihre Gedanken um wichtige Punkte kreisen lassen, wirst du Erfolg mit der Lösung haben.

# Was ändert sich grundsätzlich mit dem 18. Geburtstag?

Grundsätzlich gilt, wenn deine Eltern dich bis jetzt in Konto- und Geldfragen unterstützt und beraten haben, sollten sie dies auch weiterhin tun. Du hast mit der Volljährigkeit einige Rechte mehr, aber auch einige Pflichten. Die Nichterfüllung dieser kann richtig teuer werden. Scheue dich also nicht, dich von deinen Eltern oder von anderen Personen deines Vertrauens beraten zu lassen und das nicht nur im Notfall. Vielmehr sollten alle Versicherungen, Verträge und Konten überprüft werden. Schaue nach, ob du bei einigen Verträgen und Mitgliedschaften den Schüler- bzw. Ausbildungsstatus nachweisen solltest, um weiterhin Vergünstigungen in Anspruch nehmen zu können.

Bei anderen Verträgen und Mitgliedschaften, der Krankenversicherung z.B., kann es sein, dass es günstig ist, wenn du weiterhin über den Familientarif eingebunden bist.

Auf jeden Fall bist du mit 18 Jahren voll geschäftstüchtig und kannst selbstständig Verträge unterschreiben. Das könnte ein Mietvertrag oder ein Handyvertrag sein.

Auf der Arbeit fällst du auch nicht mehr unter das Jugendarbeitsschutzgesetz. Das hat zur Folge, dass sich die Arbeits- und Pausenzeiten ändern.

Das Jugendschutzgesetz gilt nicht mehr für dich: Du hast den gleichen Zugang zu Alkohol, Tabak und Filmen wie alle anderen Erwachsenen.

Mit dem 18. Geburtstag ändert sich für dich das Strafrecht und der Staat hat umfangreichere Möglichkeiten zur Strafverfolgung.

So bist du als 18- jährige*r voll strafmündig, das heißt, es gelten keine Einschränkungen mehr für dich. Außer das abgeschwächte Erwachsenenstrafrecht, welches unter Umständen für junge Erwachsene zwischen 18 und 21 Jahren gilt.

Wenn du eine Ehe schließen möchtest, kannst du das nun ohne Zustimmung deiner Eltern tun. Auch das Familiengericht muss nicht zustimmen. Rein rechtlich hast du die völlige Freiheit, zu heiraten, wen du möchtest.

Du kannst eine Bürgschaft übernehmen. Diese übernimmst du, mit den gleichen Risiken wie jeder andere Erwachsene. Deshalb will eine Bürgschaft gut überlegt sein, denn du haftest mit deinem gesamten Vermögen.

# Worauf musst du rund ums Konto und ums Geld achten?

Mit der Volljährigkeit kannst du dir ein eigenes **Konto** einrichten. Dazu gehört dann auch ein bestimmter **Kreditrahmen**, du kannst dir also unter Zahlung von Zinsen eine bestimmte Summe Geld ausleihen. Es liegt auf der Hand, dass du diesen Dispositionskredit lieber nicht ausschöpfen solltest, denn dann machst du Schulden und lebst von Geld, welches du nicht wirklich hast. Das ist nicht erstrebenswert. Kalkuliere lieber zum Monats- und dann zum Wochenbeginn, wie viel Geld du zur Verfügung hast und wie du es auf die Zeitspanne aufteilen kannst, ohne in Schulden zu geraten.

Das Konto beinhaltet darüber hinaus eine **Kreditkarte**, mit der du bargeldlos bezahlen kannst. Vor dem 18. Geburtstag konntest du nur mit einer Prepaidkarte hantieren. Diese musste vorher aktiv aufgeladen werden. Mit der Volljährigkeit steht dir eine Charge-Kreditkarte zur Verfügung, welche einen bestimmten Kreditrahmen hat. Auch diese verleitet schnell dazu, mehr auszugeben als man hat. Wenn du mit der Karte verantwortungsbewusst umgehst, ist sie sehr nützlich. Kannst du doch in Online-Shops bestellen oder auf Reisen Geld abheben. Verschiedene Banken verlangen aber unterschiedliche Gebühren für die Benutzung der Kreditkarte. Es lohnt sich diese zu vergleichen, um herauszufinden, in welcher Bank die Kreditkarte kostenlos benutzt werden kann.

Und das Konto befähigt dich zum **Online-Banking** in vollem Umfang. Dieses kannst du beim Bezahlen von Rechnungen gut einsetzen, da die Überweisung auf dem Papier meist kostspielig ist. Behalte aber gut den Überblick über deine Überweisungen, damit du pünktlich bezahlst und keine ärgerlichen Mahngebühren in Kauf nehmen musst.

Falls du das Konto schon vor deinem 18. Geburtstag hattest, bleibt es im Normalfall **kostenfrei**, falls du nachweisen kannst, dass du Schüler*in, Student*in oder Auszubildende*r bist. Ebenso falls du dein Freiwilliges Soziales Jahr oder den Wehrdienst ableistest. Ob diese Option besteht, solltest du rechtzeitig bei der Bank überprüfen und gegebenenfalls rechtzeitig einen Nachweis, wie eine Immatrikulationsbescheinigung, erbringen. Auf diese Weise kann das Konto kostenfrei bleiben.

Falls du einen **Aufenthalt im Ausland** planst, erkundige dich rechtzeitig, ob du auch in dem Land deiner Wahl problemlos Geld abheben kannst. Deine finanzielle Lage sollte gut geplant sein, damit du nicht die teuren Dispositionszinsen zahlen musst.

Nach sämtlichen Vergleichen kann es sein, dass du Gründe hast, die Bank zu wechseln. Nimm dann die Kontowechselhilfe der Bank in Anspruch, womit dir der Papierkram erspart bleibt.

Vielleicht haben deine Eltern für dein Konto eine **Verfügungsberechtigung** seit Kindertagen. Wenn deine Eltern ihr Konto in der gleichen Bank haben, dann erlischt diese

Verfügungsberechtigung mit deiner Volljährigkeit. Es sei denn, du möchtest, dass sie weiter besteht. Dann gibt es die Möglichkeit, sie extra zu verlängern, so dass deine Eltern oder eine andere vertrauenswürdige Person im Notfall auf dein Konto zugreifen können. Das sollte gut überlegt sein, denn im Krankheitsfall oder bei einem längeren Auslandsaufenthalt könnte eine Bankvollmacht sehr nützlich sein.

Wenn deine Eltern oder Verwandte vor deiner Volljährigkeit Geld auf deinen Namen angelegt oder **Sparverträge** abgeschlossen haben, ist dieses Geld mit deinem 18. Geburtstag deins. Du kannst über das Geld frei verfügen und damit machen, was du willst. Deine Eltern haben auf dieses Geld keinen Zugriff mehr.

Überhaupt solltest du am besten mit deinen Eltern alle bestehenden Finanzprodukte auf ihre weitere Tauglichkeit prüfen. Spürt den Fragen nach: Wann sind sie fällig? Gibt es weiter geltende Sonderkonditionen? Gibt es bessere Alternativen? Braucht man dieses Produkt überhaupt noch?

Überprüft auch, wie deine **Altersvorsorge** aussieht. Das scheint zwar noch in weiter Ferne, aber wer früh über seine Vorsorge im Alter nachdenkt, entsprechend langfristig plant und Schritte zur Finanzierung eingeht, hat später besser lachen. Wer z.B. schon vor seinem 25. Geburtstag in die Riester-Rente investiert, hat einen deutlichen Bonus. Lass dich bezüglich Altersvorsorge am besten von unabhängigen kompetenten Personen beraten, wie z.B. die Verbraucherzentrale es anbietet. Die Höhe der möglichen Altersvorsorge richtet sich natürlich nach deinem persönlichen, finanziellen Spielraum. Lass bestehende Verträge an deine Situation anpassen.

**Vermögenswirksame Leistungen** werden in vielen Betrieben gezahlt. Frag zu Beginn oder wenn du eine Ausbildung anfängst bei der Personalabteilung danach. Dieses ist geschenktes Geld vom Arbeitgeber in Höhe von monatlich 6,65 bis 40,00 €, abhängig von Branche, Region und Arbeitsstunden. Der Staat legt meist noch etwas drauf. Im Arbeitsvertrag müsste mehr über die sogenannten VL stehen. Das Geld wird gezahlt, wenn du nachweisen kannst, dass du die VL z.B. in einem Bausparvertrag anlegst. Das geschenkte Geld anzunehmen und anzulegen, rentiert sich auf jeden Fall.

Dass du als Minderjährige*r mit **Schulden** ins Erwachsenenleben startest, kommt leider immer wieder vor. Nicht immer weißt du davon. Vielleicht haben deine Eltern genehmigt, dass du Verträge abschließt, wie z.B. einen Handyvertrag, dessen Zahlungen dir jetzt schon über den Kopf gewachsen sind. Oder sie haben Verträge auf deinen Namen abgeschlossen, die sich negativ entwickelt haben. Oder vielleicht hast du Sozialleistungen bezogen, die nun zurückgefordert werden. Bitte deine Eltern direkt um Auskunft, ob gegen dich Verpflichtungen bestehen, die eingefordert werden können, damit es keine bösen Überraschungen gibt. Für so einen Fall gibt es meist die Möglichkeit, dass die Haftung beschränkt werden kann.

Insgesamt solltest du deine Eltern hinzuziehen und um Hilfe und Beratung bitten, wenn es um Fragen zum Girokonto, Kreditkarte, Online-Banking und um die Finanzplanung geht.

# Was muss ich bei Versicherungen beachten?

Du solltest deine Versicherungen checken, um pünktlich zum 18. Geburtstag deinen Versicherungsschutz anzupassen, denn nun wirst du im Erwachsenentarif geführt. Prüfe also mit deinen Eltern oder einer beratenden Person, ob dein Versicherungsschutz ausreicht und welche Tarife angepasst werden sollten. Günstiger ist es meist, wenn deine Eltern dich für die Zeit deiner Ausbildung in der Familienversicherung mitlaufen lassen. Dafür müssten sie den zuständigen Versicherer kontaktieren.

Aber zunächst schauen wir darauf, **welche Versicherungen** du überhaupt benötigst. Es gibt Versicherungen, die ein Muss für jede*n sind und welche, die wünschenswert sind, sich aber nach dem verfügbaren Budget richten. Zur ersten Kategorie gehören die gesetzlich vorgeschriebene Krankenversicherung, die jede*r haben muss und die Haftpflichtversicherung, die jede*r haben sollte. Ratsam sind eine Hausratversicherung und eine Versicherung, die die Berufs- oder Erwerbsunfähigkeit absichert. Falls du ein eigenes Auto hast, benötigst du natürlich auch eine KFZ-Versicherung. Prüfe mit deinen Eltern, ob es günstiger ist, dich für diese Versicherungen weiter in der Familienversicherung mitzuversichern. Falls nicht, kann der Versicherungsstatus bei deiner Volljährigkeit verloren gehen.

Aber vielleicht hast du auch überflüssige Versicherungen, die du gar nicht benötigst, so wie Handyversicherungen oder eine für das Laptop oder für das Reisegepäck. Diese solltest du kündigen.

Gesetzlich Krankenversichern musst du dich nicht selbst, sofern du noch zur Schule gehst, studierst oder ein freiwilliges soziales Jahr absolvierst. In diesem Fall kannst du noch über deine Familie beitragsfrei mitversichert sein. Die Voraussetzungen dafür erfragt ihr bei der Krankenkasse.

Anders ist es, wenn du volljährig zwischen Schule und Studium jobbst. Dann bist du oft gesetzlich krankenversichert. Wenn du dann studierst, fällst du in die Familienversicherung zurück. Das muss man im Auge haben und den korrekten Versicherungstarif überprüfen.

Warst du bislang über deine Eltern **privat krankenversichert**, tritt automatisch nach deinem 18. Geburtstag keine eigene Versicherungspflicht ein. Wenn du eine Ausbildung oder ein Studium beginnst, kannst du entscheiden, ob du privat versichert bleiben möchtest oder in die gesetzliche Krankenversicherung wechseln.

Die private **Haftpflichtversicherung** zahlt, wenn du im privaten Kontext aus Versehen das Eigentum eines anderen beschädigt oder einen anderen Menschen ohne schlechte Absicht verletzt hast. In Deutschland ist diese Versicherung zwar keine Pflicht, aber sie zu haben ist von großem Nutzen und sichert dich vor großen Schadensersatzforderungen ab, die dich in horrende Schulden stürzen könnten. Der Familientarif deiner Eltern gilt für dich im Allgemeinen bis zum Ende der ersten Ausbildung oder bis du ausgezogen bist. Danach musst du selbst versichert sein, um Schutz zu genießen.

Die **Berufsunfähigkeitsversicherung** kann sich schon lohnen, auch wenn du noch in der Ausbildung oder im Studium bist. Auf diese Weise bist du geschützt, wenn du invalide werden würdest und den Beruf, den du anstrebst nicht wirst ausüben können. Außerdem ist die Versicherungspolice niedriger, wenn du dich schon früh um eine derartige Versicherung kümmerst. Selbst zum Ende der Schulzeit kann schon die Berufsunfähigkeitsversicherung abgeschlossen werden.

Ob die **KFZ-Haftpflichtversicherung** deiner Eltern auch für dich gilt, wenn du das Auto fahren möchtest, ist von den Konditionen abhängig unter denen deine Eltern das Auto versichert haben. Wenn nur eine Person als Fahrer*in eingetragen ist, ist das Auto auch nur derart versichert. Wenn du dann einfach mit dem Auto fährst und in einen Unfall verwickelt wirst, kann das problematisch sein. Die Lösung ist: Entweder geben deine Eltern dich im KFZ-Versicherungsvertrag als zusätzliche*n Fahrer*in an oder deine Eltern beantragen eine kurzfristige Fahrerkreiserweiterung. Der Versicherungsbeitrag wird durch deine Nachmeldung auf jeden Fall steigen, das lässt sich nicht umgehen.

Wenn du ein **eigenes Auto** fahren möchtest, gibt es einige Tricks, die Versicherungspolice in Grenzen zu halten, denn Fahranfänger*innen und junge Fahrer*innen zahlen die höchsten Beiträge bei den KFZ-Versicherungen. Aber wenn du schon ab 17 Jahren das begleitete Fahren praktiziert hast, kann das bei vielen Versicherungsanbietern die Prämie drosseln. In den meisten Fällen ist es günstiger, dein Auto als Zweitwagen deiner Eltern anzumelden. Wenn deine Eltern einverstanden sind, könntest du den Schadenfreiheitsrabatt der Eltern übernehmen. Von Preisvorteilen kannst du auch profitieren, wenn du nicht das typische Anfängerauto fahren willst.

Wenn du ein sehr **teures Fahrrad** hast, welches nachts draußen steht, kann es sich lohnen dieses zu versichern. Du kannst aber auch eine Hausratversicherung abschließen und dein Fahrrad in diesem Rahmen mitversichern.

# Mein Start in Ausbildung oder Studium: Was ist zu beachten?

Die Fakten:

Deine Eltern haben die Pflicht, deine erste Ausbildung oder Studium zu finanzieren. Allerdings steht Eltern auch ein gewisser Selbstbehalt zu, der nach der sogenannten Düsseldorfer Tabelle berechnet wird.

Du bekommst bis zu deinem 18. Geburtstag Kindergeld. Du kannst aber weiterhin Anspruch haben. Dann musst du selbst die Verlängerung des Kindergeldes beantragen, ebenso, wenn du noch zur Schule gehst.

Wenn du eine Ausbildung beginnst, wird dir eine Sozialversicherungsnummer zugeteilt. Diese kannst du bei der Rentenversicherung oder deiner Krankenkasse erfahren.

Zunächst einmal müssen deine Eltern für deinen **Lebensunterhalt** aufkommen, solange du in Ausbildung oder im Studium bist. Der Unterhalt beträgt von 528 bis 903 € mit Stand von September 2021 monatlich und gilt auch für Ausbildungen, die aufeinander aufbauen. Ein Selbstbehalt ist den Eltern jedoch belassen. Wenn du BAföG bekommst, Kindergeld, eine Ausbildungsvergütung oder eigenes Vermögen besitzt, bist du verpflichtet, dieses für deinen Lebensunterhalt einzusetzen.

Die Kosten für eine **Wohnung** können sehr unterschiedlich sein, denn die Stadt, die Lage, der Zustand und die Größe spielen eine Rolle. Mit dem örtlichen Mietspiegel kannst du überprüfen, ob die Miete der angebotenen Wohnung im Vergleich mit den anderen Wohnungen am Ort realistisch ist. Als Anhaltspunkt gilt, für die Miete solltest du höchstens ein Drittel deines zur

Verfügung stehenden Budgets ausgeben. Möchtest du studieren, kannst du dich auch in einem WG-Zimmer einmieten. Das ist meist günstiger. Bedenke, dass du auch noch Geld für Verpflegung, Kleidung sowie Bücher benötigst. Schnell ist da der BAföG-Höchstsatz von 861 € erreicht. Wenn du eine Wohnung mieten möchtest, so schau auch auf die Zusammensetzung der Nebenkosten. Musst du für einen Aufzug oder eine Tiefgarage mitbezahlen oder heizt du mit Nachtspeicheröfen, warten höhere Kosten auf dich. Bei Abschluss des Mietvertrages sind oft drei Monatsmieten als Kaution fällig. Wenn du dann 18 Jahre alt bist, kannst du den Mietvertrag selbst unterschreiben. Meistens fordert der Vermieter jedoch eine Bürgschaft deiner Eltern.

Ob du **Wohngeld** bekommst, hängt von deinen Einkommensverhältnissen ab. Du musst über so viel Geld verfügen, dass deine monatlichen Grunderhaltungskosten, was Essen, Kleidung und Sonstiges betrifft, gedeckt sind. Wenn du dann zu wenig monatliches Einkommen für die Miete hast, kannst du als staatlichen Zuschuss Wohngeld bekommen. Für Wohngeld darf man aber keine anderen Leistungen wie z.B. Sozialhilfe oder Arbeitslosengeld II bekommen. In diesen Transferleistungen sind Unterkunftskosten schon mitberücksichtigt.

Für ein **Bachelor-Studium** muss man im Durchschnitt 35.000 € veranschlagen. Wenn deine Eltern diese Summe nicht aufbringen können, solltet ihr euch rechtzeitig Gedanken über eine mögliche Finanzierung machen. Es gibt die Möglichkeit, BAföG oder einen Studienkredit zu beantragen, ein bezahltes Praktikum zu machen, einen Werkstudentenvertrag abzuschließen, ein duales Studium einzugehen, ein Stipendium zu bekommen oder mit einem Nebenjob Geld zu verdienen.

**Berufsausbildungsbeihilfe** (BAB) bekommt ein Azubi, dessen Ausbildungsvergütung nicht für den Unterhalt aus Essen,

Wohnen und Fahrtkosten ausreicht. Sie wird von der Bundesagentur für Arbeit gezahlt und wird auch dort beantragt. 723 € ist aktuell der Förderhöchstsatz. Ob du die Förderung erhältst, hängt davon ab, welches Einkommen deine Eltern und/ oder dein Partner haben. Voraussetzung ist, dass du in einer eigenen Wohnung wohnst und dich in deiner ersten Ausbildung befindest.

Anspruch auf **Kindergeld** hast du bis zu deinem 18. Geburtstag. Dann endet die Zahlung automatisch. Soll weiter Kindergeld gezahlt werden, musst du dies extra beantragen. Das gilt auch, wenn noch Schulzeit aussteht. Grundsätzlich besteht der Anspruch auf Kindergeld weiter bis zum 25. Geburtstag, nämlich während der ersten Berufsausbildung oder des ersten Studiums. Zu Beginn des Studiums oder der Ausbildung sollten deine Eltern unbedingt Kontakt mit der Familienkasse aufnehmen, damit das Kindergeld weiter fließen kann. Selbst für eine sogenannte Übergangszeit zwischen Schule und Beginn des Studiums oder der Ausbildung kann Kindergeld gezahlt werden.

Deine **Sozialversicherungsnummer** wurde dir schon bei der Geburt zugewiesen. Wenn du eine Ausbildung beginnst, kannst du die Sozialversicherungsnummer bei der Rentenversicherung oder der Krankenkasse erfragen.

Wenn du eine Beschäftigung aufnimmst, wird dir die Sozialversicherungsnummer von der Rentenversicherung mitgeteilt. Das ist die gleiche Nummer, wie die Rentenversicherungsnummer der deutschen Rentenversicherung.

# Ich werde 18: Was muss ich bei Mitgliedschaften und Beiträgen beachten?

Die Fakten:

Kontrolliere, welche Mitgliedschaften und Verträge auch schon vor deinem 18. Geburtstag für dich bestanden.

Die bestehenden Verträge können entweder deine Eltern auf dich überschreiben lassen oder ihr prüft, ob ein Familienvertrag günstiger und sinnvoller ist.

Sobald du volljährig bist, kannst du aber auch eigene Verträge abschließen, die dann kostenpflichtig sind.

Überprüfe deine bestehenden **Verträge**. Mit deiner Volljährigkeit können diese angepasst und auf dich überschrieben werden. Überprüfe selbst, was möglich ist, denn es gibt Verträgen, für die nur dein Ausbildungsstatus belegt werden muss, damit der Vertrag weiter mit Vergünstigungen laufen kann. Dazu gehören Mitgliedschaften im Sportverein oder Fitnessstudio, Mobilfunkverträge mit Familientarifen oder Bahn- und Bustickets.

Ein bereits existierender **Mobilfunkvertrag** erhöht sich u.U. automatisch, wenn du volljährig wirst. Deine Eltern können jedoch einen Vertragsinhaberwechsel durchführen lassen. Dieser gilt von einem Elternteil auf dich. Du kannst mit Volljährigkeit aber auch einen eigenen Handyvertrag abschließen und deine Rufnummer ohne Komplikationen mitnehmen.

Telekommunikationsanbieter locken junge Menschen gern mit vermeintlich günstigen Mobilfunkverträgen. Achte besonders auf die Laufzeiten und die Tarifbedingungen. Oftmals ist das erste Jahr deutlich billiger. In den nachfolgenden Jahren steigt jedoch der Preis. Wenn du gut kalkulierst, wirst du vielleicht feststellen, das Prepaid-Karten auch eine gute Option sind, da sie günstiger als die meisten Verträge sind und flexibel eingesetzt werden können. Falls du den Mobilfunkanbieter oder den Tarif wechseln möchtest, musst du auf die Kündigungszeiten achten.

Falls du eine neue Handynummer bekommst, solltest du diese ebenfalls bei WhatsApp ändern. Ansonsten könnten Dateien, Kontakte und Gespräche in falsche Hände geraten.

Ohne Zustimmung der Eltern durftest du, solange du minderjährig warst, keine Kaufaktionen im Internet tätigen. Mit deinem 18. Geburtstag ändert sich dieses. Nun kannst du dir eigene Zugänge für das **Online-Shopping** anlegen.

Prüfe, ob du bei **Streaming-Diensten** für TV, Musik oder Film die preiswerteren Familien-Accounts nutzen kannst. Die Voraussetzung dafür variiert von Anbieter zu Anbieter. Einige verlangen verwandtschaftliche Verhältnisse der Nutzer und andere die gleiche Adresse. Darüber geben die AGBs Aufschluss.

Mit 18 Jahren bist du voll geschäftsfähig, d.h. du kannst kostenpflichtige Streaming-Dienste selbst abonnieren. Dabei gibt es für Auszubildende oder Studenten oftmals günstigere Konditionen. Frag nach kostenfreien Testversionen, die dir erst einmal einen Einblick in das Produkt geben, bevor du dich darauf festlegst. Bei den meisten Streaming-Diensten kommst du recht schnell wieder aus dem Vertrag heraus, nämlich innerhalb eines Monats. Doch sei mit den Probeabos besonders von Kinofilm-Streaming-Seiten vorsichtig. Oftmals steckt dahinter eine teure Abofalle mit hohen Gebühren.

# Was muss ich bei Vollmachten und Verfügungen beachten?

Wenn du 18 Jahre wirst, ist nicht alles Party und Frohsinn. Du solltest mit deinen Eltern auch ernste Themen rund um Krankheit und Tod besprechen.

Die Fakten:

Wenn du 18 Jahre alt wirst, sind deine Eltern nicht mehr deine vollumfänglichen, gesetzlichen Vertreter.

Du solltest dich rechtzeitig um entsprechende Vollmachten kümmern, die regeln, wer im Notfall dein handlungsfähiger Vertreter sein soll.

Eine Vorsorgevollmacht ist sinnvoll, die etwa den Arzt von seiner Schweigepflicht der auserwählten Person gegenüber entbindet oder der auserwählten Person erlaubt, deine Post entgegenzunehmen.

In einer Patientenverfügung kannst du festlegen, wie du im Krankheitsfall behandelt werden willst oder ob du Organe spenden oder mit lebenserhaltenden Maßnahmen versehen werden möchtest.

Mit einer Vorsorgevollmacht solltest du dich bereits zu Beginn deiner Volljährigkeit beschäftigen. Wenn du im Notfall nicht mehr handlungsfähig bist, sollte die Person deiner Wahl für dich handeln. Es macht Sinn, dieses vorher zu regeln.

Wenn du im Notfall medizinische Hilfe benötigst, aber nicht mehr handlungsfähig bist, versuchen die Ärzte über die Angehörigen zu ermitteln, wie wohl dein Wille wäre. Wenn du darüber mit deinen Eltern nicht gesprochen hast, wird ein*e Ärzt*in für dich entscheiden und du wirst vielleicht nicht in deinem eigenen Willen behandelt. Ein Organspendeausweis, sowie eine Patientenverfügung hilft hingegen allen Beteiligten.

# Nach dem Abi: Ausbildung oder Studium?

Wenn du Abitur gemacht hast, überlegst du vielleicht, was für dich besser ist: Ausbildung oder Studium. Diese Frage kann man pauschal nicht beantworten. Es kommt ganz darauf an, was für ein Typ du bist und was du erwartest, bzw. erwünschst.

Eine **betriebliche Ausbildung** kommt für dich in Frage, wenn folgende Punkte auf dich zutreffen:

> Du bist froh, dass die Schule fertig ist und freust dich auf das Berufsleben.

> Mit Theorie möchtest du dich nicht lange aufhalten, vielmehr arbeitest du gern praktisch und möchtest dein Wissen schnell anwenden und umsetzen.

> Du möchtest schnell Verantwortung übernehmen.

> Für dich ist es ein Pluspunkt, dass du von Anfang an Geld in deiner Ausbildung verdienst, vorausgesetzt, sie findet in einem Betrieb statt.

Wenn du eine Ausbildung machst, kannst du auch nach dieser noch eine Menge weiter lernen. Du kannst z.B. deine*n

Meister*in machen. Oder Zusatzqualifikationen erwerben. Oder du kannst Fachwirt*in werden. Damit stehen dir Führungspositionen offen. Du hättest auch das nötige Rüstzeug, dich selbstständig zu machen. Und falls dich doch noch wieder die Lust auf Schule überkommt, kannst du noch einmal die Schulbank drücken, wenn du willst.

Um dir die Entscheidung zu erleichtern, findest du hier die 10 beliebtesten Ausbildungsberufe samt der Ausbildungsvergütung (AV) im 1. - 3. Ausbildungsjahr:

| Rang | Ausbildungsberuf | Ausbildungs-vergütung | Einstiegsgehalt/ nach 10 Jahren |
|---|---|---|---|
| 1 | Einzelhandelskauffrau/ -mann | 750 € - 960 € | 2000 €/ 2700 € |
| 2 | Kauffrau/ -mann für Büromanagement | 760 € - 860 € | 2000 €/ 2430 € |
| 3 | Fachinformatiker*in | 1000 € – 1200 € | 2500 €/ 3330 € |
| 4 | Pflegefachfrau/ -mann | 1165 € – 1330 € | 2355 €/ 4200 € |
| 5 | Industriekauffrau/ -mann | 895 € - 1020 € | 2100 €/ 3300 € |
| 6 | Verkäufer*in (Ausbildung in 2 Jahren) | 750 € - 835 € | 1400 €/ 2000 € |
| 7 | Kfz-Mechatroniker*in (Ausbildung in 4 Jahren) | 850 € - 1000 € | 2300 €/ 3200 € |
| 8 | Bankkauffrau/ -mann | 1040 € - 1160 € | 2400 €/ 4000 € |
| 9 | Kauffrau/ -mann für Versicherungen und Finanzen | 1040 € - 1200 € | 2400 €/ 3540 € |
| 10 | Fachkraft für Lagerlogistik | 805 € – 965 € | 2200 €/ 2800 € |

Die Angaben in Euro sind Anhaltsmittelwerte. Der tatsächliche Verdienst kann je nach Qualifikation, die du erwirbst, höher oder niedriger ausfallen.

Wenn du während deiner Ausbildung hervorragende Leistungen gezeigt hast, kannst du mit einem Stipendium gefördert werden und dich damit beruflich weiterentwickeln. Die Stiftung Begabtenförderung berufliche Bildung hat sich dies zum Ziel gemacht.

Du kannst selbst ohne Abitur studieren. Voraussetzung ist, dass du eine abgeschlossene Berufsausbildung und schon einige Jahre in deinem Beruf gearbeitet hast. Dann steht es dir frei, an einer Hochschule zu studieren, wenn das Studium zu deinem Beruf passt. Das gleiche gilt, wenn du dich zum Meister oder Techniker hast fortbilden lassen. Dann steht dir auch der Weg an die Hochschule frei und alle Studiengänge offen.

Unter dem Motto: „Schritt für Schritt zum Wunschberuf" kannst du auf den Seiten der Bundesagentur für Arbeit weitere Gewissheit in deinem Entscheidungsprozess erhalten. Interaktiv über eine Analyse deiner Stärken kannst du herausfinden, welche Ausbildung zu dir passt. Ebenso kannst du diese Analyse für ein in Aussicht stehendes Studium betreiben. Hier kannst du ebenso deine Stärken analysieren und dich bei deiner Studienwahl inspirieren lassen.

Wenn du herausfinden möchtest, ob für dich ein **Studium** in Frage kommt, könnten die folgenden Punkte interessieren:

> Du vertiefst gern wissenschaftliche Themen.
> Du kannst dein Leben diszipliniert organisieren und zielstrebig lernen. Wenn du auf diesem Gebiet noch nicht

so perfekt bist, kannst du das mit gutem Willen während des Studiums ausbauen und festigen.

> Du möchtest später im Berufsleben eine Führungsposition übernehmen.

> Du möchtest gern in einem bestimmten Beruf arbeiten, für den ein Studium Voraussetzung ist, z.B. Jurist*in oder Chemiker*in

Wenn du dich für ein Studium entscheidest, absolvierst du dieses an einer Hochschule oder an einer Universität, kurz gesagt Uni. Um das zu können, musst du bestimmte Voraussetzungen erfüllen. Wenn du die allgemeine Hochschulreife hast, also das Abitur, kannst du an beiden Einrichtungen studieren. Nach einer Ausbildung kannst du auch wie oben beschrieben an die (Fachhochschule gehen. Die Uni akzeptiert jedoch nur die allgemeine Hochschulreife. Hochschule und Uni unterscheiden sich im Detail, so hat die Uni einen mehr theoretischen Ansatz, die Lerngruppen sind meist größer. An der Hochschule findet das Lernen mehr wie in der Schule statt. Promovieren kann man nur an der Uni. Aber die Abschlüsse, Bachelor und Master, sind an beiden Institutionen gleichgestellt.

Hier siehst du die 10 beliebtesten Studiengänge für 2020. Da sich Männer und Frauen in ihrer Wahl stark unterscheiden, sind sie getrennt aufgeführt. Du siehst das Einstiegsgehalt zum jeweiligen Studiengang und das Gehalt nach etwa 10 Jahren Berufserfahrung. Die Angaben sind Mittelwerte und dienen nur als Anhaltspunkt.

| Rang | Studiengang Frauen | Einstiegsgehalt | mit Berufserfahrung |
|---|---|---|---|
| 1 | BWL | 3500 € | 5600 € |
| 2 | Psychologie | 3600 € | 4440 € |
| 3 | Rechtswissenschaften | 3770 € | 7600 € |
| 4 | Humanmedizin | 4900 € | 21000 € |
| 5 | Germanistik | 2300 € | 2700 € |
| 6 | Soziale Arbeit | 2600 € | 2900 € |
| 7 | Erziehungswissenschaften (Lehramt) | 2500 € | 4600 € |
| 8 | Wirtschaftswissenschaften | 3750 € | 5600 € |
| 9 | Biologie | 2750 € | 4700 € |
| 10 | Anglistik | 2200 € | 4500 |

| Rang | Studiengang Männer | Einstiegsgehalt | mit Berufserfahrung |
|---|---|---|---|
| 1 | BWL | 3500 € | 5600 € |
| 2 | Informatik | 3900 € | 4500 € |
| 3 | Maschinenbau | 3900 € | 6380 € |
| 4 | Rechtswissenschaften | 3770 € | 7600 € |
| 5 | Wirtschaftsingenieurwesen | 3800 € | 6200 € |
| 6 | Wirtschaftsinformatik | 4300 € | 5750 € |
| 7 | Wirtschaftswissenschaften | 3500 € | 5600 € |
| 8 | Humanmedizin | 4900 € | 21000 € |
| 9 | Bauingenieurwesen | 3400 € | 7000 € |
| 10 | Physik | 3500 € | 5700 € |

Zum Studieren wählst du dir das betreffende Studienfach aus, dabei unterscheiden sich die verschiedenen Städte und

Hochschulstandorte in ihrer Auswahl stark. Für viele Studiengänge gilt eine bestimmte Zugangsbeschränkung, ein NC (Numerus Clausus). Diesen gibt es, wenn deutlich mehr Bewerber*innen als Studienplätze vorhanden sind und die Uni auswählen muss, wer einen Studienplatz erhält. Meist zählt hier die Abiturnote. Bei künstlerischen Berufen richtet sich die Platzvergabe meist nach einem Eignungstest. Viele Studiengänge werden ohne Zulassungsbeschränkung vergeben. Erkundige dich direkt an der Uni oder an der Hochschule.

Wenn du studierst, stellst du dir die Vorlesungen und Seminare eigenständig zusammen. Du erstellst dir also deinen Stundenplan mit den Inhalten, die du brauchst, musst dich eigenständig organisieren und disziplinieren, die Vorlesungen zu besuchen sowie die geforderten Studiennachweise zu erbringen. Das kann das Schreiben einer Hausarbeit sein. Organisation und Durchführung des Studiums gestaltet sich an der (Fachhochschule praktischer als an der Uni.

Du könntest ein **duales Studium** in Betracht ziehen. Dann würde mehr Praxis in dein Studium einziehen, denn im Gegensatz zum herkömmlichen Studium, in welchem du dich auf der theoretischen Ebene intensiv mit einem Thema auseinandersetzt, ermöglicht dir das duale Studium parallel schon viel Praxiserfahrung zu sammeln. In einem bestimmten Rhythmus werden Theorie und Praxis miteinander kombiniert, es existieren Blocksystem oder Wochenmodell. Angestrebt wird ein Bachelorabschluss, bei dem du schon jede Menge praktische Erfahrung und Wissen gesammelt hast.

Um ein duales Studium absolvieren zu können, solltest du dich schon im Frühjahr des Vorjahres damit beschäftigen. Da die Bewerbungsphasen oft in einem Jahr voraus beginnen, solltest du wissen, welche Unternehmen ein Studium anbieten. Meist beginnt das Studium im Wintersemester, also zum 1. Oktober, wie andere Studiengänge auch. Für dich wird auch interessant sein, wo Theorie- und Praxisteil stattfinden oder ob eine Ausbildung in das Studium integriert ist.

Wenn du dich rechtzeitig, also ein Jahr vor Studienbeginn bei dem Unternehmen beworben und überzeugt hast, kannst du zum Bewerbungsgespräch eingeladen werden. Wenn du auch im Bewerbungsverfahren überzeugst und einen dualen Studienplatz ergattert hast, kannst du dich freuen, denn nun reserviert das Unternehmen einen Studienplatz für dich. Der Studienvertrag wird abgeschlossen, der dein Gehalt regelt, deine Arbeitszeiten und deinen Urlaubsanspruch.

Und auch dieses könnte dein Weg sein: Du könntest die **Fachhochschulreife** erlangen und damit Zugang zu allen (Fachhochschulen und einigen Universitäten haben. Die Fachhochschulreife, auch umgangssprachlich Fachabitur genannt, erhältst du unter bestimmten Voraussetzung nach der 11. Klasse auf dem Gymnasium, also in der Oberstufe noch vor dem Ablegen der Abiturprüfungen. Noch dazu musst du z.B. ein Freiwilliges Soziales Jahr absolvieren, denn die Fachhochschulreife besteht aus einem schulischen und einen beruflichen Teil. Das Fachabitur kann aber auch auf dem zweiten Bildungsweg an einer Abendschule, einem Kolleg oder im Fernstudium nachgeholt werden.

Wenn du dual studierst, kannst du dich über eine Vergütung freuen, die dich über weite Strecken deines finanziellen Bedarfes rettet. Wenn du nicht dual studierst, bekommst du keine Vergütung, sondern bist auf Jobs angewiesen. In den Semesterferien hast du mehr Zeit und kannst mehr arbeiten. Während des Semesters kannst du wahrscheinlich nur einen Minijob erledigen. Eine gute Möglichkeit ist es, **BAföG** aus dem Bundesausbildungsförderungsgesetz zu beantragen. Der Staat zahlt ein Darlehen bzw. einen Zuschuss zu deinen Lebenshaltungskosten während des Studiums. Die Höhe ist abhängig vom Einkommen deiner Eltern. Können deine Eltern dich monatlich gut finanziell unterstützen, so gibt es weniger Geld vom Staat. Wenn deine Eltern jedoch nicht oder nur zu einem geringeren Anteil in der Lage sind, dein Studium zu finanzieren, fällt das BAföG entsprechend üppiger aus.

Beantrage dein BAföG in dem Bundesland, in dem du studierst. Erkundige dich, welche Stadt das zu deiner Uni zugehörige BAföG-Amt hat und rechne mit einer langen Bearbeitungszeit. Deshalb solltest du so früh wie möglich zunächst einen formlosen Antrag stellen. Die Formanträge kannst du dann online ausfüllen oder ausdrucken und per Post schicken. Du musst deine Einkommensverhältnisse darlegen und ebenso deine Eltern und Geschwister. Es ist ein ziemlich hoher, bürokratischer Akt, der gemeistert werden will. Doch die Mühe lohnt sich, denn BAföG wird derzeit mit einem Höchstsatz von 861 € gezahlt. In der Regel besteht BAföG zur Hälfte aus einem Darlehen des Staates und zur anderen Hälfte aus einem Zuschuss des Staates, der nicht wieder zurückgezahlt werden muss. BAföG ist also eine super Unterstützung zu deinem Lebensunterhalt. Allerdings sind dafür auch einige Grenzen und Voraussetzungen zu beachten: Wenn du BAföG beziehst, dann kannst du in einem Minijob arbeiten. Wenn du jedoch mehr als 451,82 € verdienst, wird dir der Einkommensanteil angerechnet, der den Freibetrag überschreitet. Beim eigenen Vermögen gibt es ebenfalls eine Obergrenze, die bei 8.2000 € liegt. Für verheiratete Student*innen erhöht sich diese Grenze um 2.300 €

Wie gesagt, muss etwa die Hälfte des BAföGs nach dem Studium zinslos zurückgezahlt werden. Es hat sich bewährt, rechtzeitig vor Studienabschluss Kontakt mit dem BAföG-Amt aufzunehmen, um die Konditionen der Rückzahlung auszuhandeln. Wenn du dich selbstständig darum kümmerst, gibt es bessere Konditionen, als wenn das Amt dich nach Jahren, vielleicht unter anderem Namen, weil du geheiratet hast, mühevoll ausfindig machen muss. Mit eigener Initiative kannst du besser verhandeln und bekommst einen größeren Zeitraum für die Rückzahlung zugestanden, als wenn das BAföG-Amt dich ausfindig machen muss.

# Oder möchtest du ein eigenes Gewerbe gründen?

Vielleicht hast du Ambitionen, ein eigenes Business aufzubauen. Dieses kannst du gut nach einer Ausbildung oder nach einem Studium tun. Zum Beispiel kannst du dir nach einem Studium der Rechtswissenschaften eine eigene Rechtsanwaltskanzlei aufbauen oder nach einem Studium der Humanmedizin eine eigene Arztpraxis usw. Das sind Ziele, die für dich noch in weiter Ferne liegen. Du hast jedoch auch die Möglichkeit, ohne eine offizielle berufliche Bildung ein Gewerbe aufzubauen. Dazu benötigst du zunächst einmal eine zündende Geschäftsidee. Eine Idee, von der du meinst, darauf hat die Menschheit so richtig gewartet. Damit kann ich meine Existenz gründen. Das ist gar nicht so einfach, denn viele Menschen hoffen auf einen tollen Einfall, der sich zu Geld machen lässt. Das ist fast wie ein Sechser im Lotto. Aber du kannst natürlich auch bescheidener an die Sache herangehen und dir mit viel Fleiß und Disziplin ein eigenes Geschäft aus einer kleineren Idee aufbauen. Im Internet finden sich viele Gedankenanstöße für eine Initialzündung. Hier ein paar mehr oder weniger große Ideen:

➤ Vielleicht hast du ein Händchen für Kosmetik und Entspannung, dann könntest du einen **Kosmetiksalon betreiben**.

➤ Vielleicht bist du ein sehr ordnungsliebender Mensch, dann könntest du einen **Aufräumservice gründen**.

➤ Vielleicht bist du modisch ambitioniert, dann könntest du **Accessoires entwerfen**.

➤ Vielleicht bist du in der Küche ein As und liebst es, deine Kochkünste an andere weiterzugeben, dann könntest du eine **Kochschule gründen**.

- Vielleicht kannst du gut mit Sprache umgehen und bist firm in Orthografie und Grammatik, dann könntest du **Texter*in werden.**
- Vielleicht bist du der Meinung, dass der/ die Kund*in Model und Fotograf*in in einem sein sollte, dann könntest du ein **DIY-Fotostudio** mit Hilfe von Fernauslösern eröffnen.
- Vielleicht schlägt dein Herz für Nachhaltigkeit und Recycling und du bist noch dazu handwerklich geschickt, dann könntest du ein **Upcycling-Unternehmen gründen.**
- Vielleicht bist du handwerklich richtig geschickt und kannst gut mit Holz und Textilien umgehen, dann könntest du **Campervans umbauen.**
- Vielleicht hast du die Möglichkeit, verschiedene Immobilien zu vermieten, dann könntest du **Ferienwohnungen vermieten.**
- Vielleicht schlägt dein Herz für die Architektur, dann könntest du **Tiny Houses bauen.**
- Vielleicht liebst du Trends und bist flexibel, dann könntest du einen immer wandelnden **Pop Up- Store eröffnen.**
- Vielleicht hast du ein Talent für Design, dann könntest du **Schreibwaren entwerfen.**
- Vielleicht kennst du dich richtig gut im IT-Bereich aus, dann könntest du **Softwareentwickler*in werden.**
- Vielleicht hast du eine Vorliebe für frisches, saisonales Gemüse, dann könntest du einen **Hofladen eröffnen.**
- Vielleicht bist du geschickt im Nähen und Reparieren, dann könntest du eine **Werkstatt für Kuscheltiere** einrichten.
- Vielleicht schlägt dein Herz für Bioprodukte, dann könntest du einen **Bioladen aufmachen.**

➢ Vielleicht hast du ein Faible für Kinder, dann könntest du eine **Nachtbetreuung für Kinder** offerieren.

➢ Vielleicht faszinieren dich Bienen und du bist ein Honigfan, dann könntest du eine **Stadtimkerei gründen.**

Wenn du deine tolle Geschäftsidee gefunden hast, wofür dein Herz brennt, kommt es darauf an zu überlegen, wie du sie realisieren hast. Wenn du über ein Startkapital verfügst, ist das ideal. Aber nicht jeder tut das. Bedacht werden muss auch das Risiko, was eine Firmengründung mit sich bringt. Nicht jeder ist in der Lage oder Willens, ein großes Risiko einzugehen.

Bei einer Existenzgründung müssen viele Dinge bedacht werden, denn sie ist ein komplexes Vorhaben, welches voller Herausforderungen steckt. Da ist es vonnöten, einen wasserdichten Businessplan aufzustellen, der als Fahrplan in die Selbstständigkeit genommen werden kann. Wunder dich nicht, wenn dieser Weg dir trotz bester Vorbereitung Nerven und viel Zeit kosten wird. Meist ist die Finanzierung der größte Stolperstein. Zum Glück gibt es vom Staat Fördermöglichkeiten, die hier für dich zusammengestellt sind:

1) **Beratungsförderung**

Beratungsleistungen werden staatlich gefördert, denn es ist bekannt, dass die Erfolgsaussichten einer Gründung erhöht werden, wenn du Beratung in Anspruch nimmst oder genommen hast. Das ist besonders zu empfehlen, wenn du mit deinem Unternehmen in den Startlöchern stehst und dich z.B. bei der Businessplanentwicklung unterstützen lässt. Aus diesem Grund übernimmt der Staat einen großen Teil des Beratungshonorars eines erfahrenen Experten.

2) **Kredite der KfW-Bank**

Von der staatlichen KfW-Bank kannst du geförderte Kredite bekommen, die genau auf deine Bedürfnisse als Unternehmensgründer*in zugeschnitten sind. Du brauchst für einen solchen Kredit nicht so viele Zinsen zahlen, wie bei der herkömmlichen Bank. Die ersten Jahre, bis dein Unternehmen angelaufen ist, können tilgungsfrei sein und oftmals bekommst du einen Kredit auch ohne Eigenkapital.

3) **Gründungszuschuss**

Empfänger von Arbeitslosengeld I können monatlich einen Zuschuss von 300 € bekommen, welches in die persönliche Absicherung fließen soll, da das gegründete Unternehmen meist nicht vom ersten Monat an profitabel läuft. Der Gründungszuschuss wird bis zu 15 Monate lang gezahlt.

4) **Einstiegsgeld**

Empfänger von Arbeitslosengeld II können Einstiegsgeld beantragen, wenn sie sich selbstständig machen möchten. Die Höhe der Unterstützung ist individuell gestaffelt. Einstiegsgeld wird bis zu 24 Monate gezahlt.

5) **Mikromezzaninfonds**

Hierzu zählen Finanzierungen aus einem Fonds, der dazu dient, die Eigenkapitalbasis kleiner Unternehmen um bis zu 50.000 € zu stärken. Dadurch erhöht sich die Chance von Existenzgründer*innen, einen Kredit bei der Bank zu bekommen. Hauptsächlich unterstützt der Fond kleine Betriebe, die aus der Arbeitslosigkeit kommen, die von Frauen und/ oder von Menschen gegründet sind, die aus der Migration kommen oder die ausbilden.

6) **High-Tech Gründerfonds**
Dieser HTG unterstützt gezielt junge High-Tech-Unternehmen Deutschlands. In den Fonds investiert haben neben der KfW-Bank und dem BMWi (Bundesministerium für Wirtschaft und Energie) auch Bosch, Daimler, Siemens, Telekom, BASF und Zeiss. Der mittlerweile 276 Millionen Euro schwere Fonds bietet Finanzierungskraft sowie Coaching.

7) **INVEST – Zuschuss für Wagniskapital**
Hier handelt es sich um ein Förderprogramm, welches innovative und junge Unternehmen auf der Suche nach einem Kreditgeber unterstützt. Private Investoren sollen dazu angeregt werden, Wagniskapital bereit zu stellen. Wagniskapital ist auch unter dem Namen Venture-Capital oder Risikokapital bekannt, welches junge Unternehmen unterstützen soll, die ein überdurchschnittliches Wachstumspotenzial haben, obwohl sie noch nicht rentabel sind. Das Förderprogramm zahlt später wiederum 20 % der Summe an die Investoren zurück.

8) **EXIST – Gründerstipendium**
Dieses Gründerstipendium fördert Studierende und Absolventen sowie Wissenschaftler*innen aus Hochschulen. Um ein Stipendium bewerben können sich aber ebenso Gründerteams und Mitglieder außeruniversitärer Forschungseinrichtungen. Wenn du beim EXIST- Gründerstipendium angenommen worden bist, erhältst du für ein Jahr monatlich maximal 3000 € zur Sicherung deines persönlichen Lebensunterhalts, du

bekommst bis zu 30.000 € um Sachausgaben zu tätigen und hast 5000 € für Coachingmaßnahmen in Aussicht.

## 9) Business Angels

Die Gruppe der Business Angels setzt sich aus vermögenden Privatpersonen zusammen. Wenn du dabei bist, ein vielversprechendes, junges, innovatives und wachstumsstarkes Unternehmen zu gründen, hast du gute Chancen, dass du unter den Business Angels Investoren findest, die dein Unternehmen mit ihrem privaten Vermögen unterstützen. Aber nicht nur das: Sie lassen auch ihr Know-how mit einfließen und du kannst von ihrem Netzwerk profitieren. Sie geben dir also aktives Venture-Capital, indem sie schon in einer frühen Phase in dein Unternehmen investieren. Im Gegensatz dazu handelst du mit den Business Angels aus, wie viel Firmenanteile sie für ihre Investitionsleistung übernehmen. Das Business-Angels Netzwerk Deutschland hilft, geeignete und geneigte Investoren ausfindig zu machen.

## 10) Kostenlose Fördermittelauskunft

Die Initiative „Deutschland startet" bietet eine Auskunft darüber an, welche Fördermittel neben den hier aufgeführten in Deutschland noch möglich sind, da sich die Bundesländer regional stark in weiteren Förderprogrammen unterscheiden. Informationen erhältst du unter der Telefonnummer 0800 58 95 505. Weitere Informationen hält auch die entsprechende Internetseite mit einem Fördercheck bereit.

Noch vor dem Start in dein neues, junges Unternehmen solltest du einige Steuern kennen, damit du später keine Fehler machst, für die du vom Staat zur Rechenschaft gezogen wirst. Schau hier, was auf dich zukommt:

- **Kleinunternehmerregelung**

Du solltest mit deinem Unternehmensberater besprechen, ob es für dich günstig ist, wenn du dich für die Kleinunternehmerregelung entscheidest. Dann fordert das Finanzamt keine Umsatzsteuer von dir. Das kann günstig oder ungünstig sein. Als Kleinunternehmer gilt, wer im aktuellen Jahr weniger als 50.000 € Umsatz und im vergangenen weniger als 22.000 € macht. Die Umsatzsteuer wird auf den Verkauf (oder Austausch) von Produkten oder Dienstleistungen von Geschäften erhoben. Sie beträgt in der Regel 19 %, für einige Leistungen und Waren aber auch nur 7 %.

- **Vorsteuer**

Vor der Existenzgründung spielt das Thema Steuern schon eine Rolle, weil du, um dich einzurichten wahrscheinlich vorher schon Büroeinrichtung, Betriebsmittel oder Waren kaufst, für die du als Unternehmer*in Vorsteuer geltend machen kannst. Bewahre alle Rechnungen auf, weil die Vorsteuer als Umsatzsteuer ausgewiesen ist.

- **Rechtsform**

Bei der Gründung des Unternehmens musst du dich für eine Rechtsform entscheiden, die steuerliche Fragen nach sich zieht. Auch darüber solltest du mit deiner/-m Unternehmensberater*in sprechen. In Deutschland gibt es mindestens zehn verschiedene Rechtsformen, so bei den Einzelunternehmer*innen, den Freiberufler*innen, den Kleingewerbetreibende*n, den Kauffrauen/ - männern. Bei den Personengesellschaften beispielsweise die Gesellschaft bürgerlichen Rechts (GbR) und bei den Kapitalgesellschaften die GmbH um nur einige zu nennen. Um herauszufinden, zu welcher Rechtsform du gehörst, kannst du entsprechende Seiten im Internet finden, die einen Check anbieten.

- **Einkommensteuer**

  Im ersten Jahr deiner Existenzgründung geht das Finanzamt bei der Berechnung deines Einkommensteuersatzes von den Angaben aus, die du über deinen erwarteten Gewinn bei der steuerlichen Erfassung gemacht hast. Daraus errechnet das Finanzamt die Einkommenssteuern, die du vierteljährlich im Voraus zu zahlen hast.

# Welche Pflichten habe ich gegenüber dem Finanzamt?

Als Unternehmer*in hast du immer wieder Berührungspunkte mit dem Finanzamt. Zunächst musst du den „Fragebogen zur steuerlichen Erfassung" ausfüllen, woraufhin du deine Steuernummer bekommst.

Du musst auch eine Umsatzsteuervoranmeldung abgeben. Den Turnus bekommst du vom Finanzamt. Dieses teilt dir auch mit, wie hoch deine Steuervorauszahlungen sind.

Als Gewerbetreibende*r musst du auch die Umsatzsteuer vorauszahlen. Das musst du als Freiberufler*in nicht. Wenn du eine Kapitalgesellschaft gründen möchtest, wie eine GmbH, dann musst du zusätzlich Körperschaftssteuer zahlen. Zu dem Komplex „Fragebogen zur steuerlichen Erfassung", zu den Vorauszahlungen und zu den Steuerfristen findest du weitere Informationen im Internet, z.B. im BMWi-

Existenzgründungsportal. Eine einführende Erklärung steuerlicher Frage kannst du beim Finanzamt bekommen.

Wer denkt, dies ist alles kompliziert, der hat Recht. Aus diesem Grund sei dir hier noch einmal die Beratung durch eine*n Unternehmensberater*in, einen Coach oder eben eine*n Steuerberater*in ans Herz gelegt. So kannst du typische Steuerfehler umgehen und nicht schon in deiner Gründungsphase im Schlamassel versinken.

## Welche Versicherungen brauche ich bei einer Unternehmensgründung?

Die wichtigste Versicherung im privaten Bereich ist wohl die Krankenversicherung, die natürlich weiterhin gesetzlich vorgeschrieben ist. Du hast die Wahl, in die private Krankenversicherung (PKV) zu wechseln oder weiter gesetzlich (GKV) versichert zu bleiben. Die GKV sorgt über das Solidarprinzip über eine gute Gesundheitsversorgung für alle, während in der PKV das Äquivalenzprinzip herrscht: die beste Medizinische Versorgung erhält, wer es sich leisten kann. Bei der GKV richtet sich die Beitragshöhe nach dem Einkommen, wobei es Ober- und Untergrenzen gibt. Bei der PKV zahlst du in Abhängigkeit von deiner Gesundheit. Alter und vertragliche Vereinbarungen spielen auch eine Rolle. Familienmitglieder, wie Kinder und nicht arbeitende Ehepartner sind in der GKV mitversichert. In der PKV muss jeder einen eigenen Vertrag abschließen, wodurch die Beiträge steigen.

Die private Krankenversicherung ist nicht für jede*n frei zugänglich. Aber wenn du selbstständig bist, steht dir der Zugang offen. Du kannst dich aber auch freiwillig in der gesetzlichen Krankenkasse versichern lassen.

Willst du in die private Krankenversicherung wechseln, so musst du dich einer Gesundheitsprüfung unterziehen. Hierfür werden Angaben, die du in einem Fragebogen machst, herangezogen oder Auskünfte von der Ärztin oder dem Arzt. Dieser Gesundheitscheck ist ausschlaggebend dafür, ob du bei der PKV versichert wirst und wie hoch deine Beiträge ausfallen werden. Die Angaben müssen alle wahrheitsgemäß gemacht werden. Ansonsten kann man seinen Versicherungsschutz einbüßen und/ oder sich strafbar machen.

Die Höhe des Beitrags bei der PKV richtet sich nach deinem Alter, deinem Gesundheitszustand und den gewünschten Leistungen. Schau, also, ob du dir die Beiträge langfristig wirst leisten können. Du hast neben einem Tarif ohne Selbstbehalt die Möglichkeit, einen Tarif mit Selbstbehalt bis zu einer bestimmten Grenze zu wählen. Selbstbehalt bedeutet, dass du bei einer Rechnung die medizinische Leistung bis zu einem bestimmten Euro-Betrag nicht der PKV in Rechnung stellst. Für eine 18-jährige Frau gibt es eine private KV ab 180 € aufwärts. Diese ist dann ohne Selbstbeteiligung, mit guter Zahnversorgung und Mehrbettzimmer bei Krankenhausaufenthalt. Als Selbstständige gilt für Männer in diesem Alter ein sehr ähnlicher Tarif. Wie kannst du nun wissen, welche Krankenversicherung die rentablere für dich ist? Die Beiträge sind relativ schnell miteinander verglichen. Bei der PKV steigt der Beitrag nicht in Abhängigkeit von der Höhe deines Einkommens, sondern bleibt immer gleich. Bei der GKV jedoch zahlst du derzeit 15,5 % deines Einkommens in die Versicherung ein. Das bedeutet, dass bei einem kleinen Einkommen die Beiträge in der PKV relativ hoch sind. Da sie sich bei einem größeren Einkommen jedoch nicht verändern, zahlst du in der GKV bei höheren Einkommen relativ mehr. Um dir eine Vorstellung zu geben: Wenn du monatlich 3000 € Einkommen hast, zahlst du 465 € GKV-Beitrag, bei 4000 € schon 624 €. Bei der PKV zahlst du immer gleich. Die freiwillige gesetzliche Krankenversicherung ist also als Selbstständige*r nur bei sehr geringem Einkommen günstiger. Bedenke auch, dass die PKV mit einem Selbstbehalt noch günstiger ist. Für junge, gesunde Menschen zahlt sich das aus. Bei einigen privaten KV kannst du auch die Beitragsrückerstattung in Anspruch nehmen. Das bedeutet, dass du das ganze Jahr lang keine Rechnung geltend machst und dafür am Ende des Jahres einen Teil des Beitrages zurückerstattet bekommst. Auch das kann sich rechnen, wenn du nicht groß krank gewesen bist. Die Beiträge erhöhen sich bei der PKV jedoch wieder, wenn du dich mit Krankentagegeld absichern lässt. Das ist sehr empfehlenswert, da du bei Krankheit als Freiberufler*in im Normalfall kein Einkommen hast. Die Lohnfortzahlung, auf die sich ein*e Angestellte*r verlassen kann, greift für dich nicht. Wenn du dich mit Krankentagegeld versichern lässt, steigt jedoch dein Beitrag bei der PKV.

## Welche Versicherungen benötige ich noch?

Um private Risiken abzusichern, hast du nun schon die private und gesetzliche Krankenversicherung kennen gelernt. Es gibt für eine*n Selbstständige*n jedoch noch weitere private Risiken, die bedacht werden sollen. Wenn du Angestellte*r in einem Betrieb bist, brauchst du dir um die soziale Absicherung, wie Arbeitslosenversicherung, Rentenversicherung und Kranken- und Pflegeversicherung keine Sorgen machen. Das regeln andere für dich. Nun liegt die soziale Absicherung jedoch in deinen Händen. Hier siehst du, welche Versicherungen neben der Krankenversicherung dein nun durch die Selbstständigkeit höheres Risiko absichern.

# Rentenversicherung

Zur Rentenversicherung besteht in Deutschland anders als für die Krankenversicherung keine Pflicht. Wie du dich für das Alter absicherst, ist dir selbst überlassen. Das du es wohlüberlegt tun solltest und keine Beiträge sparen, liegt auf der Hand. Du kannst in die gesetzliche Rentenversicherung als privates Mitglied eintreten oder an einer privaten Rentenversicherung teilnehmen. Es lassen sich auch beide Modelle miteinander kombinieren.

Allerdings gibt es doch eine Berufsgruppe Selbstständiger, für die die Versicherung in der gesetzlichen Rentenversicherung Pflicht ist. Und zwar sind das Selbstständige, die für nur eine*n Auftraggeber*in arbeiten und auch Hebammen, Handwerker, sowie selbstständig arbeitende Lehrer*innen. Die Künstlersozialkasse versichert selbstständig arbeitende Publizisten und Künstler. Aber wie gesagt, kannst du dich auch freiwillig versichern lassen, so wie Selbstständige es mit dem Mindestbeitrag tun, die sich damit Ansprüche auf Zahlung einer Rente zur Erwerbsminderung sichern.

Zu Beginn deiner Selbstständigkeit solltest du dringend prüfen, ob du zu der Gruppe der Selbstständigen oder Freiberufler gehörst, die in die gesetzliche Rentenversicherung einzahlen müssen, da die Rentenkasse bis zu 30 Jahre lang zurückliegende Pflichtbeiträge einfordern kann, falls diese versäumt wurden zu zahlen.

Für eine private Rentenversicherung gibt es viele verschiedene Möglichkeiten. Es gibt das klassische Modell, bei dem du monatlich über Jahre Beiträge leistest und dir ab einem gewissen Alter monatlich eine Rente gezahlt wird. Das könnte eine sogenannte Basisrente sein. Du kannst dich aber auch an einer fondgebundenen Rentenversicherung beteiligen, die die eingezahlten Beiträge in Fonds investiert, die vom erwarteten

Zuwachs an den Aktienmärkten profitiert. Es gibt auch Rentenversicherungen, bei denen du die Beiträge an deine momentane Finanzsituation anpassen kannst.

Es gibt auch Freiberufler, wie Architekten oder Ärzte, für die es Pflicht ist, sich über das Versorgungswerk der zuständigen Kammer versichern zu lassen. Diese zahlt dann später eine Grundrente aus, die zusätzlich durch private Rentenverträge aufgestockt werden kann.

## Private Haftpflichtversicherung

Selbstständige und Freiberufler müssen sich wie jede andere Person auch, im privaten Bereich verantworten, wenn sie Schäden am Eigentum anderer verursacht haben. Deshalb gilt hier weiterhin die dringende Empfehlung zur privaten Haftpflichtversicherung.

## Berufsunfähigkeitsversicherung

Solange du gesund und fit bist, ist alles gut. Aber was passiert, wenn du in Folge einer Krankheit oder eines Unfalls nicht mehr oder nur eingeschränkt arbeiten kannst? Wie willst du dann dein Geld verdienen? Du würdest zwar aus der gesetzlichen Rentenversicherung eine Erwerbsminderungsrente bekommen, aber die Berufsunfähigkeitsversicherung benötigst du, um deinen gewohnten Lebensstandard zu bewahren.

## Risiko-Lebensversicherung

Diese Versicherung sei dir ans Herz gelegt, sobald du Familie hast. Wenn du als Selbstständige*r der/ die Hauptverdiener*in bist, entsteht für deine Familie eine große Versorgungslücke, falls du plötzlich aus dem Leben gerissen werden solltest. Vielleicht existieren dann sogar noch große Kredite, die abbezahlt werden müssen. Eine Risiko-Lebensversicherung schützt deine Familie in deinem Todesfall also vor einem existentiellen Einkommensausfall. Du kannst auch die Darlehen und Kredite selbst mit einer Risiko-Lebensversicherung absichern.

## Hausratversicherung

Auch in der Selbstständigkeit ist eine Hausratversicherung angebracht, die dein Inventar, also dein bewegliches Eigentum in der Wohnung schützt. Dein Hausrat ist dann umfangreich vor Diebstahl bei einem Einbruch, Sturm- und Hagelschäden, Frostschäden an Heizungen, Wasserschäden und Brand und Explosion geschützt. Außerdem können Naturgewalten wie Überspannungsschäden oder Hochwasser und Überschwemmungen und auch Fahrraddiebstahl mitversichert werden.

## Wohngebäudeversicherung

Diese Versicherung greift, wenn du ein eigenes Haus hast.

Eine Unfallversicherung wäre eine weitere Versicherung, die du ins Auge fassen könntest, da du als Selbstständige*r nun freiwillig in der gesetzlichen Unfallversicherung bist, aber nicht pflichtgemäß wie andere Arbeitnehmer. So kannst du dich über die Berufsgenossenschaft freiwillig versichern lassen. Diese greift jedoch nur bei Unfällen auf dem Weg zur oder von der Arbeit. Wenn du viel reist oder Sport treibst, kannst du dich privat Unfallversichern lassen.

Nun kommen wir zu den **Betrieblichen Versicherungen** für Freiberufler*innen und Selbstständige:

# Betriebs- und Berufshaftpflichtversicherung

Die Betriebshaftpflichtversicherung übernimmt den Schaden, wenn du als Unternehmer*in dafür haften musst, dass ein Mensch, es kann ein Kunde, ein Lieferant, ein Mitarbeiter oder ein Besucher sein, auf dem Firmengelände oder im Büro zu Schaden kommt. Eingeschlossen sind Schäden an der Person, an der Sache oder am Vermögen. So werden auch medizinische Behandlungskosten übernommen, welche nicht von der Krankenkasse übernommen werden. Gezahlt wird auch Schmerzensgeld oder lebenslange Renten.

Die Berufshaftpflicht schützt Freiberufler wie Notare, Architekten und Ingenieure vor den gleichen Risiken. Einige Berufe verlangen nach einer Berufshaftpflichtversicherung wie beispielsweise Steuerberater, Prüfer, Gutachter, Rechtsanwälte und Notare. Hier kann dem Mandanten aus einem kleinen

Beratungsfehler schon ein großer Schaden erwachsen, für den der/ die Freiberufler*in geradestehen müsste, würde das nicht die Berufshaftpflichtversicherung übernehmen.

## Betriebsunterbrechungsversicherung

Diese wird abgeschlossen, um Schäden auszugleichen, wenn z.B. das Lager brennt und die Produktion stillsteht oder ein Vulkanausbruch die rechtzeitige Lieferung von Zubehörteilen verhindert. In diesen Fällen kann deine Firma kein Geld verdienen, die Betriebskosten laufen jedoch weiter. Vorübergehend zahlt dann die Betriebsunterbrechungsversicherung die Miete, die Sozialausgaben, die Löhne und Gehälter und sogar den entgangenen Gewinn.

## Geschäftsversicherung

Diese funktioniert wie die Hausratversicherung nur im betrieblichen Bereich. Sie übernimmt nur Sachschäden am Inventar.

## Glasversicherung

Diese schützt teure Innenverglasungen und große Fenster- oder Türflächen.

Weitere interessante Versicherungen sind die **Warenkreditversicherung,** auch **Forderungsausfallversicherung** genannt, welche dich davor schützt, dass Kunden nach der Lieferung deine Ware nicht bezahlen können. Und die **Transportversicherung,** die Güter, Waren und Maschinen vor Transportschäden schützt.

Du siehst, vor unternehmerischen Risiken kannst du dich am besten mit einem soliden Businessplan, einem durchdachten Konzept, hohem Engagement und klugen Entscheidungen schützen. Für betriebliche und private Risiken schützen jedoch wohl durchdachte und gut zusammengestellte Versicherungen.

## Planen und Ziele stecken

Jetzt bist du vielleicht schon etwas auf den Geschmack gekommen und entwickelst Wünsche und Vorstellungen für die Zukunft, was deinen Werdegang und deine berufliche Karriere anbelangt. Nun geht es darum, Strategien zu entwickeln und anzuwenden, mit denen du deine Ziele erreichen kannst. Wenn du überhaupt schon Ziele hast, so ist das ein gutes Zeichen. Wir können Ziele in fünf Kriterien untergliedern, deren Anfangsbuchstaben das Wort „SMART" ergeben. Lass uns also deine Ziele zerteilen:

**S** wie spezifisch: Formuliere dein Ziel ganz konkret. Zum Beispiel: Ich möchte das Abitur erreichen.

**M** wie messbar: Formuliere das Ziel mit dem Weg dorthin. Zum Beispiel: Bis dahin muss ich noch ordentlich die Schulbank drücken, lernen und mich anstrengen.

**A** wie attraktiv: Mach dir klar, welche schönen Konsequenzen es hat, wenn du dein Ziel erreichst. Zum Beispiel: Ich möchte Architektur studieren. Dafür brauche ich unbedingt das Abitur.

**R** wie realistisch: Frage dich, inwiefern das Ziel realistisch ist und du es aus eigener Kraft erreichen kannst. Zum Beispiel: Wenn ich diszipliniert lerne und arbeite, kann ich es mit einem guten Notendurchschnitt schaffen.

**T** wie terminiert: Setze dir einen Zeitpunkt, bis wann du das Ziel erreicht haben möchtest. Zum Beispiel: Meine Abiturprüfungen finden im nächsten Frühjahr statt. Bis dahin muss ich mich möglichst intensiv vorbereitet haben.

Auf diese Weise schreibst du alle privaten und beruflichen Ziele auf und hältst sie so fest, denn schon Descartes sagte: „Was man nicht gut beschreiben kann, kann man auch nicht gut messen." Wenn du alle deine Ziele nach der SMART-Methode festgehalten hast, kannst du sie dir von Zeit zu Zeit immer wieder vor Augen führen und schauen, ob du noch auf dem richtigen Weg und vielleicht sogar schon auf der Zielgeraden bist. Ansonsten musst du deine Strategie ändern und anpassen.

Während du auf dem Weg bist, das Ziel zu erreichen, denk immer wieder daran, dass ein Ziel etwas ganz Besonderes ist, denn

> ➤ Ein Ziel ist keine Vision, sondern eine feste Absicht.
> ➤ Ein Ziel erfüllt keine Erwartung, sondern ist Überzeugung.
> ➤ Ein Ziel ist kein spontaner Gedanke, sondern vielmehr konkretes Bestreben.
> ➤ Ein Ziel basiert nicht nur auf rationaler Erkenntnis, sondern ist vor allem Sache des Herzens.

Es ist ja so, dass wir das bewusst wahrnehmen, worauf wir unsere Aufmerksamkeit richten. Wenn wir aber Ziele haben, nimmt auch unser Unterbewusstsein wahr. Ein zielstrebiges Leben kann uns sogar ein paar glückliche Jahre längeres Leben schenken. Eine Studie, in Kanada durchgeführt, kann zeigen, dass Menschen, die sich Ziele stecken, gesünder leben, mehr auf ihre körperliche und geistige Fitness achten und insgesamt zufriedener und glücklicher leben.

Zielstrebigkeit gehört zu den Schlüsselqualifikationen für Erfolg und Karriere. Wenn du nichts anstrebst, kannst du auch nichts erreichen. Du merkst nie, dass du ankommst, wenn du kein festes Ziel vor Augen hattest, du merkst auch nicht, wie nahe du einem Ziel wärest, kannst in deinem Leben keinen Kurs bestimmen, du dümpelst so dahin. Und wenn dann der Sturm kommt, kannst du schnell abtreiben oder in schlechtes Fahrwasser geraten. Deshalb geben Ziele Orientierung. Sie sind der Ansporn und der Motor auf unserer Reise und zeigen an, wie erfolgreich wir sind. Wenn du ein Ziel erreichst, macht es dich zufrieden und steigert dein Selbstvertrauen. Das alles würdest du ohne Zielsetzung verpassen.

Zielstrebig sein, ist das Zauberwort. Zielstrebigkeit kann dir schon in die Wiege gelegt worden sein. Dann kannst du dich glücklich schätzen. Wenn nicht ist es jedoch kein Grund, den Kopf hängen zu lassen, im Gegenteil, denn Zielstrebigkeit kann man lernen. Der Wille ist eigentlich bei jedem Menschen vorhanden. Wir brauchen also nicht auf das Gas zu drücken, sondern vielmehr vom Bremspedal zu gehen. Dazu kann es wichtig sein, innerhalb der einzelnen SMART-Kategorien noch zu schauen und zu arbeiten. Ein wichtiger Faktor ist der sogenannte M-Bereich, wie messbar: Dieser birgt meist viel Potential. Du schaust, auf welchem Weg kannst du dein Ziel erreichen und gleichzeitig musst du dich fragen: Gibt es Störquellen, die mich ablenken und wenn ja welche. Diese musst du als erstes ausmerzen.

Ziele sind ein bisschen vertrackt, denn es nützt nichts, wenn du die Erwartungen deiner Familie oder Freunde zu deinen eigenen Zielen erklärst. Nein, es müssen wirklich deine eigenen Ziele sein, die vom Herzen kommen. Wenn du nur versuchst, den Erwartungen anderer zu entsprechen, dann lebst du auch nur das Leben anderer. Du lebst dann an deinem eigenen Leben vorbei. Deswegen frage dich ganz ehrlich und frei heraus: Will ich das wirklich – mit allen Konsequenzen?

Hier hört es sich so an, als wäre es einfach, seine Lebensziele zu verfolgen und zu erreichen, aber das ist es im wahren Leben nicht. Es braucht viel Kraft und Disziplin und Zielstrebigkeit. Diese kannst du nur aufbringen, wenn du einhundertprozentig hinter den Zielen stehst, die du dir auferlegt hast. Dann kannst du das nötige Durchhaltevermögen aufbringen.

Hier gibt es noch ein paar Tipps, wie du deine **Zielstrebigkeit fördern** kannst:

- ✔ **Schreib deine Ziele auf**, denn wenn du das tust, steigerst du die Erfolgschance immense. Eine Studie belegt, dass die Tatsache, dass du deine Ziele aufgeschrieben hast, ein inneres Engagement erzeugt, welches in einer Tour Signale an unser Unterbewusstsein sendet, um an deinem Ziel zu arbeiten. Es kann ein Zettel sein, den du wieder liest, aber noch erfolgversprechend ist, wenn du dir ein Erfolgstagebuch einrichtest, in welchem du deine Ziele und deine Gedanken und Informationen zu den Etappen festhältst.

✔ **Veröffentliche deine Ziele.** Erzähle deiner Familie, deinen Freund*innen und Kolleg*innen davon, welche Ziele du dir gesteckt hast. Das steigert die Wahrscheinlichkeit, sie zu erreichen und erzeugt Verbindlichkeit. Es steigert deinen Ehrgeiz, es anderen zu beweisen, was wiederum deine Motivation steigert, das Ziel erreichen zu wollen. Du bist bereit, mehr Anstrengungen zu unternehmen und die wirst du auch brauchen.

✔ **Wechsel die Zielrichtung.** Du kannst zwischen „Weg-von" und „Hin-zu"-Zielen unterscheiden. „Hin-zu-Ziele" sind effektiver. Die positive Formulierung motiviert dich nachhaltiger. Ein Ziel, welches heißt „Weg-von-meinen überschüssigen Kilos" ist eher zum Scheitern verurteilt, als wenn du dir einprägst, ich will „hin-zu einer schlankeren Idealfigur". Der Weg dorthin führt über eine maßvolle gesunde Ernährung und Sport.

✔ **Suche dir Vorbilder.** Du möchtest mit einem gesünderen Leben schlank werden? Dann such dir Menschen als Vorbilder, die das bereits geschafft haben. Die können aus deinem Bekanntenkreis oder aus dem öffentlichen Leben kommen. Aber such dir Menschen, die dieses Ziel auf realistische Art und Weise aus eigener Kraft gemeistert haben. Du sollst nicht bedenkenlos alles übernehmen, was sie gemacht haben. Aber sie können dich anspornen, dein Ziel zu erreichen.

✔ **Finde Unterstützer.** Viele Vorbilder, die du finden kannst, haben ihre Leistungen nicht ganz allein vollbracht. Es geht auch leichter, wenn du Hilfe hast. Such dir daher Unterstützer oder Mentoren, auf jeden Fall Begleiter, die dir auf deinem Weg unter die Arme greifen.

✔ **Meide Pessimisten.** Sieh zu, dass du dich von einem schädlichen Umfeld, was dir nicht zugeneigt ist, distanzierst. In der Welt wird es viele Menschen geben, die neidisch auf das sind, was du tust und die schlechte Stimmung verbreiten. Meide Leute, die deinen Erfolg nicht in einem guten Licht sehen können, denn schlechte Vibes bremsen dich nur unnötig aus und rauben dir kostbare Kraft und Energie.

✔ **Belohne deine Erfolge.** Musst du, um zielstrebig zu sein, ein*e Streber*in sein? Dieses Wort klingt so negativ. Tatsächlich musst du, um Erfolg zu haben, im wahrsten Sinne des Wortes „nach dem Ziel streben". Das ist aber positiv gemeint, denn du musst motiviert, engagiert und diszipliniert arbeiten, um dein Ziel zu erreichen. Mit diesen Anstrengungen sollst du es aber nicht übertreiben. Wenn du zu verbissen auf das Ziel schaust, nicht mehr entspannen und die Vorzüge des Lebens genießen kannst, droht ein Burnout. Dieses gilt es unbedingt zu vermeiden, denn so ist Zielstrebigkeit nicht gemeint. Auf dem Weg zum Erfolg, zum Erreichen deines Zieles, werden dir viele kleine Etappensiege begegnen, die es zu erkennen gilt. Feiere diese gebührlich. Diese kleinen Belohnungen geben dir die nötige Kraft, bestätigen und motivieren dich, weiterzumachen.

# Wie kann ich mein Ziel erreichen?

Dieser letzte Punkt ist besonders wichtig, denn er geht mit dem Grund einher, weshalb viele gute Vorsätze scheitern und nicht zu Zielen werden, die wirklich erreicht werden. Auch dazu gibt es eine schlaue Studie, die besagt, dass viele Menschen sich Ziele stecken, die sie nicht erreichen können, weil sie nicht auf den Weg achten, der sie dorthin führen soll oder könnte. Gesucht ist ein „Weg der kleinen Schritte". Du kannst dir ein großes Ziel setzen, aber du darfst nicht ständig nur auf dieses Ziel starren. Hier kommt wieder der Philosoph René Descartes (1596 - 1650) ins Spiel. Der französische Philosoph, Mathematiker und Naturwissenschaftler betonte: „Du kannst ein komplexes, großes Problem haben, welches nahezu unlösbar scheint. Du musst es nur in ganz viele, kleine Einzelschritte teilen, die du lösen und bewältigen kannst. So kannst du die komplexe Aufgabe im Ganzen lösen." Und das ist wahr, das ist das Geheimnis, das hinter dem Erfolg steht.

Dann erscheint das Ziel nicht mehr übergroß oder zu weit weg und kann dir nicht mehr deine Motivation rauben. Zerlege also das große Ziel in viele kleine Teilziele und -erfolge. Komm auf diese Weise deinem großen Ziel schrittweise näher. Wenn du Berge versetzen willst, dann musst du damit beginnen, einzelne Steine in die Hand zu nehmen. Wenn du es dir zum Ziel gemacht hast, einen Marathon zu laufen, dann teilst du dir den Weg bis dahin in mehrere Etappenziele ein. So schaffst du es auch, deine Ziele in Etappenziele zu unterteilen und diese abzuarbeiten.

## Womit geht der Erfolg einher?

Diese sechs Schlagwörter begleiten dich auf dem Weg zu Erfolg.

**Selbstreflexion:** Es hilft ungemein, wenn du dich selbst kennst. Wenn du durch Selbstreflexion und Selbsterkenntnis herausgefunden hast, wo deine Stärken liegen und ehrlich, welches deine Schwächen sind. Stärken gilt es auf dem Weg zum Ziel zu nutzen und einzusetzen. Schwächen gilt es zu überwinden.

**Beziehungen:** Es hilft, wenn du nicht allein in der Welt stehst, sondern dich in einem starken, gesunden Netzwerk befindest. Dieses kann dir unter die Arme greifen, dich beflügeln, neue Verbindungen und Beziehungen aufzubauen, die du für dein persönliches und berufliches Weiterkommen brauchst.

**Zuversicht:** Kennst du den Begriff der sich selbst-erfüllenden Prophezeiung? Er bedeutet, dass etwas eher eintritt, wenn du sehr stark daran glaubst und davon überzeugt bist. Wenn du also sehr skeptisch deinem Ziel gegenüberstehst, wird es nach Regeln der Selffulfilling-Prophecy wahrscheinlich eintreffen, dass du das Ziel nicht erreichst. Wenn du aber guten Mutes deinem Ziel gegenüberstehst und davon überzeugt bist, dass du es erreichen wirst, dann ist die Wahrscheinlichkeit groß, dass sich diese deine Prophezeiung erfüllt und du dein Ziel tatsächlich erreichst. Zuversicht spielt also eine große Rolle.

**Ausdauer:** Disziplin und Hartnäckigkeit sind meist wichtiger als Können. Der Talentierte wird fast immer vom Fleißigen überflügelt. Daher lassen viele Fehler auf dem Weg zu Ziel auf mangelnde Ausdauer zurückführen und nicht auf fehlendes Talent.

**Pragmatismus:** Zuversicht und Pragmatismus bringen die Erfolgreichen ihren Zielen näher. Verheddere dich nicht in Theorien, verteidige nicht alte Entscheidungen, die längs um die Ecke sind- gehöre du dazu, wenn es heißt, das Unmögliche möglich machen. Untertreibe nichts, beschönige nichts, verallgemeinere nichts. Sei präzise, wenn es darum geht, das Machbare einzuschätzen und die Kosten und Potenziale dafür zu erheben.

**Neugier:** Erfolgreiche zeichnet aus, dass sie in allen Lebenslagen lernen wollen. Neugiergetrieben fragen sie sich immerzu: Warum ist das so? Diese Haltung verleiht ihnen ein fachübergreifendes Wissen. Sie sind aufgeschlossen allen Bereichen des öffentlichen Lebens und der Wissenschaft gegenüber. Das macht sie auch ohne Doktortitel zu einem interessanten Gesprächspartner für so gut wie alle Lebensfragen.

Schlüssel zu deinem Erfolg ist nun nicht, dieses alles zu wissen, sondern dieses alles umzusetzen.

# Allein ohne Begleitperson Auto fahren

Vielleicht hast du am begleiteten Fahren ab 17 Jahren teilgenommen. Wenn du von einer geeigneten Person begleitet wurdest, durftest du also ein PKW fahren. In besonderen Fällen konntest du eine Ausnahmeregelung bekommen, mit der du eine klar definierte, bestimmte Strecke allein zurücklegen durftest.

Ein Führerschein mit 17 ohne Begleitperson ist nicht möglich. Vielmehr hat es eine Geldbuße von 70 € zur Folge und einen Punkt in Flensburg, wenn du fahrend ohne Begleitperson angehalten wirst. Außerdem müsstest du noch an einem Aufbauseminar teilnehmen, um die Fahrerlaubnis wieder zu erlangen. Du siehst, das ist alles sehr lästig.

Mit dem BF 17 durftest du genau dieselben Fahrzeuge fahren, wie mit dem normalen Führerschein der Klasse B. Darunter fallen entsprechend begrenzte Motorroller und auch Traktoren. Eine Begleitperson brauchst du weder auf einem Motorroller noch auf einem Traktor mitzunehmen.

Aber nun bist du 18 und darfst ohne Begleitperson fahren. Aber langsam, denn zunächst hast du drei Monate Zeit, deinen BF 17 – das ist nur eine Prüfbescheinigung - in einen normalen Führerschein der Klasse B umschreiben zu lassen.

## Welche Fahrzeuge darf ich mit 18 Jahren fahren?

Wenn du volljährig bist und einen Führerschein der **Klasse B** hast, darfst du Kraftfahrzeuge fahren, die 3,5 Tonnen Gesamtgewicht nicht überschreiten. Sie dürfen mit Fahrer*in maximal neun Sitzplätze haben. Außerdem darfst du Fahrzeuge der Klasse AM fahren. Das sind leichte, zweirädrige Kraftfahrzeuge mit einer Höchstgeschwindigkeit von 45 km/h.

Dazu zählen auch dreirädrige Kleinkrafträder mit höchstens zwei Sitzen und einer Höchstgeschwindigkeit von 45 km/h. Und schließlich leichte, vierrädrige Straßenquads mit höchstens zwei Sitzplätzen und einer Höchstgeschwindigkeit von 45 km/h.

Und du darfst Fahrzeuge der **Klasse L** fahren. Darunter versteht man Zugfahrzeuge für land- und forstwirtschaftliche Zwecke, die höchstens 40 km/h fahren und mit Anhänger 25 km/h. Und auch selbstfahrende Arbeitsmaschinen, wie Stapler, die auch mit Anhänger 25 km/h fahren können. Diese Fahrzeuge kannst du alle allein mit dem normalen Führerschein bewegen.

Aber nun ist es endlich so weit: Du darfst nun auch den Führerschein der **Klasse A2** für „kleine Motorräder" machen. Die theoretische Prüfung darfst du schon drei Monate vor deinem 18. Geburtstag und die praktische einen Monat vorher ablegen.

Ein motorisiertes Zweirad, wie ein Motorrad, Roller oder Moped hat dem Auto gegenüber viele Vorteile zu bieten. Es ist günstiger in der Anschaffung, wie im Unterhalt. Es verursacht weniger Parkkosten. An stehenden Kolonnen schlängelst du dich einfach vorbei, was Zeit und Nerven schont.

Wir müssen jedoch auch bedenken, dass es viel gefährlicher ist, ein Motorrad zu fahren. Was du auf der einen Seite an Benzinkosten und in der Anschaffung sparst, bezahlst du auf der anderen Seite vielleicht mit schweren Verletzungen oder sogar mit deinem Leben. Da das gehörigst vermieden gehört, bitten wir um einen defensiven Fahrstil. Im Ernstfall ist das Auto oder gar der LKW durch die Geschwindigkeit und das Blech, welches sie umgibt, stärker und auch stärker geschützt. Du hast mit dem Motorrad keine Schutzzone, sondern bekommst einen Aufprall direkt am Leib zu spüren und dieser ist physikalisch gesehen nicht in der Lage, einen schweren Aufprall abzufedern. Er nimmt Schaden. Oftmals werden Motorradfahrer*innen aufgrund ihres Fahrstils vom LkW-Fahrer übersehen, z.B. wenn sie sich noch schnell vorschlängeln und dann in einem toten Winkel landen.

Aber um mit dem Motorrad zu verunglücken, braucht es keine*n andere*n Verkehrsteilnehmer*in. Wenn du nicht vorsichtig und vorausschauend fährst, kannst du auch auf nassem Herbstlaub ausrutschen oder bei zu hoher Geschwindigkeit in der Kurve wegrutschen. Deswegen ist dringende Vorsicht beim Fahren geboten.

Wenn du einen Führerschein der Klasse B hast, darfst du sogar bestimmte Fahrzeuge mit einem Anhänger fahren. Die zulässige Gesamtmasse von 3,5 Tonnen darf das Gespann, das sind Fahrzeug plus Anhänger, nicht überschreiten. Die Gesamtmasse ist das Gewicht, welches leeres Fahrzeug und beladener Anhänger zusammen wiegen. Doch auch da gibt es eine Ausnahme: Wenn das Fahrzeug allein schon eine zulässige Gesamtmasse von 3,5 Tonnen hat, darfst du einen Anhänger ziehen, der auf eine Gesamtmasse von 750 Kilogramm zugelassen ist. Nun kann es aber sein, dass du einen größeren Anhänger oder vielleicht einen Wohnwagen ziehen möchtest. Dafür brauchst du dann einen extra Führerschein, und zwar den, der **Klasse BE**, den Anhängerführerschein. Wenn du schon den Pkw-Führerschein hast, kannst du ihn auch um die Schlüsselzahl 96 erweitern. Du erhältst dann den **B96**.

Mit dem B96 sei es dir erlaubt, ein Gespann mit dem zulässigen Gesamtgewicht von 4,25 Tonnen zu fahren, wobei das Zugfahrzeug nicht schwerer als 3,5 Tonnen sein darf. Die Kosten für diesen Führerschein liegen bei 300 bis 500 €. Du musst dafür in der Fahrschule eine Schulung absolvieren, die ohne eine Prüfung endet. Der Stundenplan umfasst sieben Stunden und setzt sich aus einem Fahrtraining aus bremsen, parken und Spurwechsel zusammen. Die Theorie beinhaltet Verkehrsvorschriften für Anhänger, das Beladen eines Gespanns sowie das Austarieren der Stützlast und die Fahrzeugdynamik. Abgerundet wird das Ganze mit einer Übungsfahrt durch die Stadt und über Land.

Allerdings gibt es noch den Führerschein der Klasse BE, welcher dich berechtigt ein Zuggefährt, das kann ein Pkw sein, mit einem Anhänger mit der zulässigen Gesamtmasse von insgesamt sieben Tonnen zu bewegen. Und wieder darf das Zugfahrzeug nicht schwerer als 3,5 Tonnen sein. Wem das nicht reicht, muss einen **Lkw-Führerschein** machen. Der Führerschein Klasse BE kann theoretisch schon ein fünf Tagen geschafft sein, denn im Schnitt benötigen die Fahrschüler*innen 2 Übungsfahrstunden. Nach weiteren fünf besonderen Pflichtstunden, kann dann die Fahrprüfung für Klasse BE abgelegt werden. Die Kosten dafür belaufen sich auf etwa 800 bis 1000 € inklusive 100 € für die Prüfungsfahrt.

## Wie mache ich den normalen Führerschein?

Der Führerschein Klasse B wird der normale Führerschein genannt. Um diesen zu erwerben, meldest du dich zuerst bei einer Fahrschule deines Vertrauens an. Die findest du entweder durch Vergleich der verschiedenen Fahrschulen miteinander: Schau, was sie leisten und welche Gebühren sie erheben. Oder durch Mund-zu-Mund-Propaganda von anderen Fahrschüler*innen.

Als nächstes machst du einen Sehtest, sowie einen Erste-Hilfe-Kurs. Die Führerscheinbehörde wird diese Nachweise von dir verlangen. Der Antrag für den Führerschein wird normalerweise von der Fahrschule gestellt. Die Bearbeitungszeit beträgt meistens so um die fünf Wochen. In dieser Zeit kannst du zwar noch keine Prüfungen absolvieren, aber du kannst schon mit der Fahrausbildung beginnen.

Sobald du deine Gebühren bezahlt hast, startest du mit dem Theorieunterricht. 14 verschiedene Theorieeinheiten von je 90 Minuten gibt es insgesamt. Hier werden alle wichtigen Bereiche zum Autofahren und zum Straßenverkehr behandelt. Neben 12 Grundeinheiten werden auch 2 Einheiten mit Zusatzstoff behandelt, an denen du anwesend sein musst. Von den 12 Grundeinheiten musst du 12-mal anwesend sein. Theoretisch kannst du dir aber auch 12 mal die gleiche Einheit ansehen.

Mit dem/ der Fahrlehrer*in vereinbarst du regelmäßig Fahrstunden, die normalerweise 90 Minuten dauern, also gleich immer zwei Fahrstunden. Für die Basisfahrstunden gibt es keine Mindestfahrstundenzahl. Die Fahrschüler*innen benötigen im Durchschnitt 18 Stunden. Je nachdem, wie geschickt du dich anstellst – vielleicht konntest du auch schon ein wenig fahren – können es auch weniger Stunden sein. Dazu kommen 12 Sonderfahrstunden, die verpflichtend sind: Diese setzen sich aus 4 Autobahn-, 5 Überland- und 3 Nachtfahrten zusammen.

Wenn du alle Stunden zur Zufriedenheit des/ der Fahrlehrer*in absolviert hast, meldest du dich zur theoretischen Prüfung an. Dein Mindestalter beträgt drei Monate vor dem erlaubten Mindestalter für den Erwerb des Führerscheins. 1000 Fragen sind möglich, davon werden 30 Fragen ausgewählt. Die höchsterlaubte Fehlerpunktzahl beträgt zehn.

In Absprache mit deinem/ deiner Fahrlehrer*in bestimmst du den Zeitpunkt für deine praktische Prüfung. Diese darfst du höchstens einen Monat vor dem erlaubten Mindestalter ablegen. Während der Prüfung sagt der/die Prüfer*in an, was du machen sollst, ob du beispielsweise abbiegen oder einparken sollst. Du bestehst die Prüfung und erhälst damit den Führerschein, wenn du 45 Minuten ohne schwerwiegende Fehler zu machen, fahren kannst.

Was brauche ich insgesamt für den Führerschein?

- ✔ Personalausweis, auch für die Anmeldung bei der Fahrschule
- ✔ Bescheinigung des Erste-Hilfe-Kurses
- ✔ Passbild, biometrisch
- ✔ Sehtestbescheinigung
- ✔ Antragsgebühr in Höhe von ca. 45 € für das Straßenverkehrsamt
- ✔ Führerschein mit 17 Jahren: Antragsgebühren und weitere Unterlagen für die Begleitpersonen

Die Behörden benötigen ca. fünf Wochen, um die eingereichten Unterlagen zu bearbeiten. Du bist erst im Anschluss daran, berechtigt, Prüfungen abzulegen.

## Was kostet mein Führerschein?

Der Führerschein in seiner Gesamtheit kostet im Schnitt 1500 bis 2000 €. Wobei sich die Preise für die Theoriestunden am stärksten unterscheiden. Dadurch ist in Brandenburg der Führerschein mit 1200 bis 1400 € am günstigsten, während dessen es in Bayern mit 1700 bis 2200 € am teuersten ist, seinen Führerschein zu machen. Sicherlich sind dies Mittelwerte.

Tatsächlich kommt es auf die/ den Fahrschüler*in an, wie viele Prüfungsversuche oder Fahrstunden sie oder er benötigt.

So werden deine Kosten in etwa aussehen:

➢ Für die Grundgebühr der Fahrschule mit den Theoriestunden: etwa 200 €
➢ Lehrmaterial etwa 50 €
➢ Erste-Hilfe-Kurs, Passbilder und Sehtest: etwa 40 €
➢ Antrag für den Führerschein bei der Behörde: etwa 45 €
➢ Ca. mindestens 18 Übungsstunden von je etwa 30 €: 540 €
➢ 12 Sonderfahrten, die verpflichtend sind, von je etwa 50 €: 600 €
➢ Prüfungsgebühren, die bei Fahrschule und Behörde fällig werden: etwa 200 €

In diesem oder einem vergleichbaren Fall liegen die Kosten für den Führerschein also bei etwa 1675 €.

Wie lange benötige ich für meinen Führerschein?

Im Normalfall benötigst du drei bis fünf Monate, bis du deinen Führerschein in der Tasche hast. Das setzt voraus, dass du regelmäßig Fahr- und Theoriestunden nimmst. Wenn du deinen Führerschein also pünktlich zum 18. Geburtstag haben willst, solltest du dich ungefähr ein halbes Jahr vorher bei der Fahrschule anmelden.

Wenn du eine Theoriestunde pro Woche besuchst, benötigst du 14 Wochen, bis du mit der Theorie durch bist. Viele Fahrschulen bieten aber auch einen zweiwöchigen Crashkurs an, mit dem du die Theorie viel schneller absolvieren kannst. Für die Übungsfahrten brauchst du etwa 15 Wochen. Die errechnen sich, wenn du pro Woche eine Doppelstunde, also 90 Minuten

Übungsfahrt nimmst und wir einen Bedarf von ca. 30 Stunden Übungsfahrt annehmen.

An vielen Fahrschulen kannst du deinen Führerschein auch mittels eines Schnellkurses erwerben. Innerhalb von ein bis zwei Wochen wirst du hier schon auf die theoretische und die praktische Prüfung vorbereitet. Hier kommt es natürlich auf deine Fähigkeiten an, die du mitbringst, ob du den theoretischen und vor allem den praktischen Stoff so schnell umsetzen kannst. Die Prüfung kannst du sowieso erst machen, wenn die Behörden deinem Antrag grünes Licht gegeben haben, und das dauert im Schnitt fünf Wochen. Melde dich also rechtzeitig an, wenn du zu einem bestimmten Termin deinen Führerschein in den Händen halten willst. Wenn du die Prüfung nicht bestehst, dann kannst du sie nach zwei Wochen wiederholen.

## Wie mache ich den Motorradführerschein Klasse A2?

Mit 17 ½ Jahren kannst du in einer Fahrschule bereits die Ausbildung für den Führerschein für leichte Motorräder beginnen. Voraussetzung ist, dass du durch eine Untersuchung bei einem dafür ermächtigten Arzt eine gesundheitliche Eignung bescheinigt bekommst. Und dass du einen Erste-Hilfe-Kurs vorweisen kannst. Falls du einen Führerschein der Klasse B hast, benötigst du keinen Erste-Hilfe-Kurs. In der Fahrschule erhältst du 26 Stunden allgemeine und 8 Stunden spezielle Theorie für Motorradfahrer*innen. Außerdem erhältst du 12 Stunden Fahrstunden, wobei das Frühjahr die beste Zeit für die praktische Ausbildung ist. Im Sommer ist auf dem Übungsplatz meist schon zu heiß, um entspannt seine Übungen zu absolvieren.

Nach einer bestandenen Prüfung bekommst du vom Prüfer den vorläufigen Führerschein, die Karte im Scheckkartenformat erhältst du mit der Post. Daraufhin bist du zwei Jahre lang auf Probe. Wenn du bereits einen Führerschein der Klasse B hast, kannst du die Probezeit auch schon absolviert haben. Wenn du jedoch direkt in den Führerschein Klasse A2 eingestiegen bist, dann musst du an einem Mehrphasentraining teilnehmen. Nach zwei bis zwölf Monaten kommt dann ein Fahrsicherheitstraining auf dich zu. Außerdem musst du vier bis vierzehn Monate nach der Fahrprüfung eine Perfektionsfahrt in der Fahrschule zeigen. Diese Mehrphasenausbildung muss jede*r machen, der/ die zum ersten Mal einen Führerschein der Klasse A macht. Sie soll keine Schikane dir gegenüber sein, sondern helfen, dich so weit abzusichern und sicher zu machen, dass du keine Gefahr für dich oder für deine Mitmenschen im Straßenverkehr darstellst.

# Erstes Auto: Sollte ich ein neues oder ein gebrauchtes Auto kaufen?

Wenn du gerade deinen Führerschein neu erworben hast und dir ein Auto zulegen möchtest, fragst du dich sicher, ob du mit einem neuen oder einem gebrauchten Auto besser bedient bist. Mit diesem Artikel machen wir dir deutliche, worauf du beim Autokauf achten solltest. Auch zeigen wir dir Vor- und Nachteile des Gebraucht- bzw. des Neuwagens auf.

Wenn die Frage des Autokaufs auf dich zukommt, solltest du dich erst einmal fragen, wie hoch dein Budget ist, denn es nützt überhaupt nichts, wenn dich die Vorzüge eines Neuwagens überzeugen, du aber das nötige finanzielle Polster nicht besitzt. Aber selbst, wenn du eine Summe von sagen wir einmal 30.000 € zur Verfügung hättest, heißt es nicht, dass es schlau wäre, dieses Geld für den Kauf eines Neuwagens einzusetzen.

Bedenke, dass das erste Auto, welches du fährst, sicher durch deine Schuld ein paar Dellen und Kratzer abbekommen wird. Das ist ganz normal, denn du musst erst einmal die richtige Fahrpraxis und Erfahrungen erwerben. Da bleiben einige Übungsbeulen nicht aus. Aber möchtest du diese einem Neuwagen zumuten? Beim Gebrauchtfahrzeug als deinem „Trainingswagen" ist es doch nicht ganz so schlimm.

Der zweite Punkt, der bedacht werden sollte, sind die Kosten für Reparatur und Wartung. Das sind die sogenannten Betriebskosten, denn für dein Auto musst du nicht nur für die Anschaffung Geld ausgeben, sondern auch für die laufenden Kosten. Diese musst du miteinander vergleichen. Wie viel Geld hast du monatlich über, um die laufenden Kosten zu decken? Es ist nicht zu vernachlässigen, dass der Neuwagen im Wert im Verhältnis schneller sinkt als der Gebrauchtwagen.

Wenn du also ein Budget um die 10.000 € hättest, könntest du für dieses Geld einen vernünftigen Gebrauchtwagen erstehen. Bevor du dein Geld in ein teures Auto steckst, solltest du lieber auf eine Höchstanzahl von aktiven Sicherheitseinrichtungen achten, wie ABS, Bremskraftverteilungssystem und Antriebsschlupfregelung. Und auf passive Sicherheitssysteme, wie Airbags, Fahrspurassistent und Sicherheitsnetze. Denn du gehörst als Fahranfänger*in zur Gruppe von Verkehrsteilnehmer*innen mit einem hohen Unfallrisiko und diese Sicherheitsvorkehrungen helfen, dich zu schützen.

## Welche Gründe sprechen dennoch für einen Neuwagen?

Wir sind mit unserer Besprechung der Vor- und Nachteile eines Neuwagens jedoch noch nicht am Ende angelangt. Hier siehst du, dass es durchaus plausible Gründe gibt, sich für einen

Neuwagen zu entscheiden, vorausgesetzt, das Budget lässt dies zu.

Beim Gebrauchtwagen kannst du die Betriebskosten, die auf dich zukommen, nicht wirklich überschauen. Du weißt auch nicht wie die/ der Vorbesitzer*in sein/ ihr Auto behandelt hat, ob der Motor überhitzt wurde, ob es in einen Unfall verwickelt war, dessen Schaden vertuscht wurde oder wie abgenutzt das Getriebe in Wirklichkeit ist. Es könnte auch die Elektronik durch Wasser in Mitleidenschaft gezogen sein. Wenn du einen Gebrauchtwagen erwirbst, der aus dir nicht absolut vertrauter Hand stammt, musst du eigentlich immer noch Inspektionen durchführen lassen oder kleinere Reparaturen beheben. Wann aber die größere Reparatur kommt, weißt du nicht.

Wenn in der Anzeige schon von drei oder mehr Eigentümer*innen die Rede ist, solltest du Abstand von dem Auto nehmen. Anzustreben ist ein Vorbesitzer oder höchstens zwei.

Fünf Gründe, die für die Anschaffung eines Neuwagens sprechen:

1) Seine technische Perfektion:
   Dieser Punkt zielt auf die Freude am Fahren und auf die Sicherheit. Auch in anderer Reihenfolge. Die Ingenieure in der Entwicklung des Autos arbeiten in jeder Generation, die auf den Markt kommt, daran, die Optik über das Design, den Fahrkomfort und nicht zuletzt die Sicherheit zu überholen und weiterzuentwickeln. Das zurzeit äußerst Machbare bekommst du nur mit einem ganz neuen Auto. Alte Modelle haben eben kein modernes Multimediasystem, kein Projektionsdisplay, keinen schlüssellosen Zugang und kein vollständiges Videoüberwachungssystem.

2) Sein aktuelles Design
Jedes Jahr kommen wieder Autos auf den Markt, die neu spektakulär aussehen. Nach einigen Jahren werden diese zu den langweiligen Modellen gehören, deren Design sich bereits abgegriffen hat.

3) Garantie und Rücknahme
Wenn du dir von privat einen Gebrauchtwagen zulegst, hast du kein Recht, diesen zurückzugeben, falls du etwas zu beanstanden hast. Anders ist es beim Kauf eines Neuwagens. Hier hast du als Käufer*in das Recht, den Neuwagen zurückzugeben oder eine Kaufgarantie in Anspruch zu nehmen. Beim Gebrauchtwagen dagegen können die üblen Überraschungen sehr plötzlich auftreten und dann sehr groß sein.

4) Betriebsbereit
Beim Neuwagen brauchst du keine zusätzlichen Investitionen tätigen. So wie er dir übergeben wird, ist er einsatzbereit.

5) Finanz- und Versicherungsinstrumente
Für einen Neuwagen kannst du die besten Kreditoptionen bekommen. Leasing steht auch zur Verfügung.

## Wo muss ich mein Auto anmelden?

Wenn du dir ein Auto kaufst, so musst du es in einer der zuständigen Kfz-Zulassungsstellen anmelden. Dazu muss die/der Vorbesitzer*in das Auto vor Übergabe abgemeldet haben. Die Ummeldung bzw. Anmeldung ist wegen Corona meist nur mit einem Termin möglich.

Diese Unterlagen benötigst du für die Anmeldung:

✔ Personalausweis oder Reisepass

✔ Eine Bestätigung darüber, dass das Auto Kfz-versichert ist, dazu hast du eine siebenstellige Zahlen- bzw. Buchstabenkombination bekommen

✔ Die Zulassungsbescheinigung Teil I und Teil II

✔ Den Nachweis über die letzte Hauptuntersuchung (TÜV)

Vergiss nicht, dass es in Deutschland strafbar ist, ohne die Kfz-Haftpflichtversicherung Auto zu fahren. In vielen Gegenden hast du die Möglichkeit, dein Auto online zuzulassen oder auf eine\*n neuen Halter\*in umgeschrieben zu bekommen.

# Meine eigene Wohnung:
# Was muss ich beachten?

## Internetverträge umstellen

Wenn du in eine neue Wohnung umziehst, musst du dir Gedanken machen, was mit deinem eventuell bestehenden Internetvertrag geschehen soll. Willst du ihn kündigen und in der neuen Wohnung neu abschließen oder willst du ihn mitnehmen?

Wenn du deinen Vertrag kündigen willst, solltest du rechtzeitig auf die Laufzeit achten. In Deutschland liegt diese zwischen einem und 24 Monaten. Die Kündigungsfrist liegt dann wiederum zwei bis drei Monate vor dem Ende deines Vertrages. Du müsstest überprüfen, wie sich das bei deinem Vertrag gestaltet. Wenn du jedoch feststellst, dass du ein sogenanntes Sonderkündigungsrecht hast, dann kannst du den Vertrag auch vor Ende der Laufzeit beenden. Im Normalfall besteht ein Sonderkündigungsrecht für den Fall, dass du ins Ausland umziehst, solange dein Anbieter dort kein Netz hat. Oder wenn der alte Anbieter am neuen Standort nicht dieselben Leistungen erbringen kann. In dem Fall kannst du mit einer dreimonatigen Frist kündigen, die ab Umzug in die Wohnung zählt. Um aus dem Vertrag herauszukommen, müsstest du also noch drei Monate den alten Vertrag weiterzahlen, vorausgesetzt, der alte Betreiber kann dir in der neuen Wohnung nicht so ein gutes Netz bieten wie in der alten.

Für den Fall, dass du deinen Vertrag mitnehmen möchtest, gibt es bei den großen Betreibern meist gute Möglichkeiten, dies zu tun. Sie kommen dir entgegen, da sie dich als Kund*in nicht verlieren wollen. Auf diese Weise kannst du deine Rufnummer ganz unkompliziert mitnehmen.

Beim Umzug gehört für dich also dazu, dein Internet rechtzeitig zu kündigen, damit du nicht umsonst doppelt zahlen musst. Vergleiche für den neuen Internetvertrag die Tarife der Anbieter und wähle einen Anbieter, der gut bewertet ist.

## Wie und wo muss ich meinen Wohnsitz um- bzw. anmelden?

Wenn du innerhalb derselben Stadt umziehst, etwa aus deinem Elternhaus in die erste eigene Wohnung, dann musst du dich bei der zuständigen Meldebehörde ummelden. Wenn du jedoch von einer Stadt in eine andere ziehst, dann gilt es, sich anzumelden. Geh dafür in das zuständige Einwohnermeldeamt, welches sich in den meisten Fällen im Rathaus, im Stadthaus oder im Bürgeramt der jeweiligen Gemeinde oder Stadt befindet. Über das Internet findest du Adressen und Telefonnummern heraus.

Zum Um- und anmelden hast du laut Bundesmeldegesetz (BMG) ein bis zwei Wochen Zeit. Überschreitest du diese Frist, kann es sein, dass du ein Bußgeld von 20 bis 30 € bezahlen musst. Kümmere dich rechtzeitig um einen Termin, da viele Meldeämter überlastet sind.

Du hast die Möglichkeit, eine Person deines Vertrauens mit der Vollmacht zur Einwohnermeldebehörde zu schicken, die die Um- und Anmeldung für dich übernimmt, falls du verhindert sein solltest. Mittlerweile wird auch von einigen Ämtern die Möglichkeit angeboten, sich elektronisch oder postalisch umzumelden. Das müsstest du auf der Homepage erfahren.

Diese Unterlagen benötigst du, um dich beim Einwohnermeldeamt um- und anzumelden:

- ✔ Personalausweis aller Personen, die sich anmelden (Reisepass geht auch)
- ✔ Meldeformular (kannst du meist online ausdrucken, dann ausfüllen und unterschreiben)
- ✔ Wohnungsgeberbestätigung (Bescheinigung des Vermieters, dass ein Mietvertrag mit dir besteht)
- ✔ Bei Umzug in ein Eigenheim: aktueller Grundsteuerbescheid bzw. Notarvertrag, Grundbuchauszug

Dich rechtskräftig an- und ummelden kannst du erst ab deinem 18. Geburtstag. Vorher sind deine Eltern dafür verantwortlich, wo du gemeldet bist. Für das Um- und Anmelden werden oft keine Kosten erhoben, manchmal verlangen die Ämter 20 € Bearbeitungsgebühr.

# Wen muss ich über meinen Umzug informieren?

Vergiss nicht, spezielle Institutionen über deinen Wohnsitzwechsel zu informieren. Dazu zählen die GEZ (Gebühreneinzugszentrale), die Strom- und Gasanbieter, die Schule, der Arbeitgeber oder die Bundesagentur für Arbeit, wenn du Arbeitslosenhilfe oder Hartz-4 beziehst. Informieren musst du auch das Finanzamt, deine Bank, deine Versicherungsgesellschaften, den Kindergarten, falls du Kinder hast, die Kfz-Zulassungsbehörde, Vereine und Abonnements und schließlich auch alle Teilnehmer*innen für Internet und Telefon. Es ist in vielen Fällen schlau, einen Nachsendeantrag für die Post zu stellen.

# Worauf muss ich beim Unterschreiben des Mietvertrages achten?

Den Mietvertrag für deine erste Wohnung solltest du nicht vorschnell und vielleicht blindlings unterschreiben. Nimm dir Zeit, ihn in Ruhe durchzugehen und das am besten über Nacht bei dir zu Hause. Wenn dir Mängel an der Wohnung aufgefallen sein sollten, wie etwa schleifende Fenster oder verschmutzte Fugen, so schreibe eine unterschriebene Liste auf und gib sie beim Wohnungseigentümer ab, bzw. beim Sachbearbeiter, wenn es sich um eine Wohnungsbaugesellschaft handelt. Scheu dich nicht, die Behebung der Mängel einzufordern, denn deine Miete soll nicht umsonst gezahlt sein. Warte mit dem Unterschreiben des Mietvertrages, bis die Mängel behoben sind.

Welche Dinge sollten im Mietvertrag geregelt sein?

- ✔ Alle Nebenkosten sollen aufgelistet sein.
- ✔ Sind Mieterhöhungen zu erwarten?
- ✔ Welche Kautionszahlung kommt auf dich zu? Diese darf in der Höhe drei kalte Monatsmieten nicht übersteigen. Tipp: Du bist berechtigt, die Kaution in drei gleich großen Raten zu zahlen.
- ✔ Sind alle Mitmieter*innen richtig eingetragen?
- ✔ Gibt es ein Übergabeprotokoll?
- ✔ Was darf ich in der Wohnung verändern? Stichwort: Laminat?

Sind im Mietvertrag andere bindende Verträge enthalten, die du vielleicht nicht wünschst? Das könnte ein Stromvertrag sein, den du aus Kostengründen selbst abschließen möchtest oder ein Vertrag für den Kabelanschluss beim Fernseher.

Wenn du eine Wohngemeinschaft gegründet hast, in welcher alle Mitbewohner*innen im Mietvertrag gemeinsam unterschrieben haben, so lässt sich dieser Mietvertrag auch nur kündigen, wenn alle damit einverstanden sind. Jeder ist dabei für die volle Miete haftbar. Wenn andere nicht zahlen können oder wollen, kann die/ der Vermieter*in die volle Miete von einer Person verlangen, die könntest du sein.

Prinzipiell ist es nicht zulässig, dass die/ der Vermieter*in Haustiere verbietet. Katzen stellen meist kein Problem dar. Falls du ein Haustier hast oder beabsichtigst, dir eines anzuschaffen, dann halte lieber Rücksprache mit der/ dem Vermieter*in. Unerlaubtes Haustierhalten ist wiederum ein Kündigungsgrund.

# Kostenüberblick: Was kostet eine eigene Wohnung in 2021?

Dieses Kapitel soll dir helfen, die Kosten zu überschauen und zu planen, die beim Einzug in die eigene Wohnung auf die zukommen. Als erstes musst du den Überblick über deine finanzielle Situation haben. **Kannst du dir eine eigene Wohnung leisten?** Nach Abzug der Wohnungskosten muss genügend Geld für deine laufenden Lebenskosten (Lebensmittel, Kleidung, etc.) überbleiben.

Dazu kommen Kosten, die mit der Wohnung selbst in Verbindung stehen, wie z.B. Renovierungskosten, die Kaution will gestemmt werden, der Umzug verursacht vielleicht Kosten.

Die Warmmiete der Wohnung setzt sich aus der Kaltmiete plus den Nebenkosten zusammen. Als Kaltmiete wird der Teil der Miete bezeichnet, der die Kosten für die reine Raumnutzung abdeckt. Dabei gelten unterschiedliche Quadratmeterpreise, die auch von Stadt zu Stadt variieren. Aber im Durchschnitt kann man folgende Quadratmeterpreise annehmen: Eine Wohnung bis zu 40 qm kostet ca.450 € kalt. Bis 60 qm musst du 480 € bezahlen. Bis 80 qm kostet sie 630 € und bis 100 qm 870 €.

Für die Nebenkosten kann man rund 2 € pro Quadratmeter annehmen. Das machen bei einer Wohnung von 60 qm Nebenkosten von 120 €. Als Warmmiete sollte diese Wohnung also ca. 600 € kosten.

## Worauf muss ich bei den Nebenkosten achten?

Die Nebenkosten sind ein monatlicher Abschlag für hauptsächlich Wasser- und Heizungskosten. Du bezahlst diese Nebenkosten jeden Monat an deine*n Vermieter*in und am Ende des Jahres wird abgerechnet, wie viel du tatsächlich verbraucht hast. Vielleicht bekommst du etwas Geld wieder zurück. Es kann aber auch sein, dass du nachzahlen musst. Es hilft, Wasser zu sparen und effizient zu heizen, damit du beim Erhalt deiner ersten Nebenkostenabrechnung nicht nach hinten überfällst. Neben diesen warmen Nebenkosten gibt es noch die kalten Nebenkosten, wie die Gebühren für die Müllabfuhr und Straßenreinigung, für Hausreinigung und Gartenpflege, für Schornsteinreinigung und Hausmeister etc.. Vor der Vertragsunterzeichnung solltest du diese Posten prüfen, denn manchmal werden auch Dinge aufgelistet, die nicht in die Nebenkostenabrechnung gehören, wie z.B. Kosten für Instandhaltung und anfallende Reparaturen oder Verwaltungskosten. Der/ die Vermieter*in darf auch nicht mit den Nebenkosten Rücklagen bilden.

## Was muss ich für Strom veranschlagen?

Lass den Stromanbieter lieber nicht mit dem Mietvertrag regeln. Wenn du dir selbst den Stromanbieter aussuchen kannst, sparst du meistens Geld. Die Kosten sind sehr variabel, hier geht es um einen Anhaltspunkt. Wenn du in einem Singlehaushalt lebst und etwa 1300 – 2000 kWh im Jahr an Strom verbrauchst, kannst du bei einem günstigen Stromanbieter mit einem monatlichen Abschlag von ungefähr 40 € rechnen. Wohnst du zu zweit und verbraucht ihr jährlich ca. 2000 – 2500 kWh Strom, dann sind das monatlich ungefähr 55 €. Lebst du in einem Vierpersonenhaushalt und verbraucht ungefähr 3000 – 4000 kWh Strom im Jahr, dann sind monatlich etwa 80 € fällig.

## Was muss ich für allgemeinen Lebenshaltungskosten rechnen?

Hier gehört alles rein, was du aufbringen musst, um deine täglichen Erfordernisse zu erfüllen. Den größten Posten machen die **Lebensmittel** aus, aber auch Bekleidung, Hygienemittel und Aufwendungen für deine Freizeitgestaltung fallen darunter. Plane mindestens 250 – 350 € monatlich ein.

Zu den allgemeinen Lebenshaltungskosten zählt auch die **Telekommunikation**. Hier stellen der Festnetz- und Internetanschluss die größten Posten dar. Falls du dich nicht befreien lassen kannst, musst du pro Haushalt 17,50 € GEZ – Gebühr bezahlen. Dazu kommt der Telefonanschluss mit Internetvertrag ab 30 € pro Monat und der Handyvertrag, der dich je nach Tarif ab 10 € kosten wird.

Auch die **Mobilität** fällt unter die allgemeinen Lebenshaltungskosten. Du bist ja meist entweder auf das Auto oder auf öffentliche Verkehrsmittel angewiesen. Im Idealfall kannst du mit dem Fahrrad alles erreichen. Ein eigenes Auto würde dich an Betriebskosten ca. 200 € monatlich kosten. Der Preis für die öffentlichen Verkehrsmittel hängt stark vom

Wohnort, von der Nutzung und von eventuellen Vergünstigungen ab.

Die Kosten für deine **Versicherungen** variieren stark, denn viele Versicherungen können von deinen Eltern übernommen werden, solange du wegen einer Ausbildung oder eines Studiums in der Familienversicherung bist. Darunter fallen die Krankenversicherung und die private Haftpflicht. Die Kfz-Versicherung kostet ab 400 € im Jahr, wird aber oft von den Eltern übernommen. Berufsunfähigkeits- sowie Hausratversicherung ist bei begrenzten, finanziellen Mitteln zu Beginn noch nicht nötig. Du siehst, bei geschickter Planung ist es zu Beginn noch nicht nötig für dich, Geld für Versicherungen aufzubringen.

Unter **sonstigen Lebenshaltungskosten** musst du in einigen Bundesländern die Müllabfuhr rechnen. Dort wird sie nicht mit in den Nebenkosten abgerechnet, sondern gesondert mit ca. 40 € jährlich. Auch Genussmittel zählen dazu. Dass ist nicht zu vergessen. Stell dir vor, du würdest jeden Tag eine Schachtel Zigaretten rauchen, dann würdest du im Jahr 2200 € in die Luft pusten, was nicht empfehlenswert ist. Der Urlaub zählt auch zu den Lebenshaltungskosten. Die Kosten für Reise, Unterkunft, Verpflegung, Freizeitgestaltung etc. musst du also auch auf die monatliche Planung umrechnen und durch Sparen erwirtschaften.

Du siehst, die monatlichen Kosten sind überschaubar, aber sie wollen doch erwirtschaftet werden. Du kannst die Wohnungskosten gut planen, dazu gehört jedoch, dass du sorgsam mit deinem Geld umgehst und bewusst sparst. Rücklagen bilden, ist wichtig und stärkt dir den Rücken. Gib also nicht sofort dein Geld aus, sobald du etwas übrig hast. Informiere dich vielmehr, welche staatliche Unterstützung es gibt, wie Kindergeld oder Unterhalt.

# Checkliste für die erste Einrichtung meiner Wohnung?

Hier siehst du die Grundausstattung, was eigentlich alles in eine Wohnung gehört. Große Einrichtungsgegenstände und Maschinen sind mit ungefähren Preisen versehen. Tatsächlich variieren die Preise in der Anschaffung jedoch sehr. Oftmals sind es die kleinen, unwichtig erscheinenden Gegenstände, die vermisst werden, falls sich fehlen.

**Für die Küche**: Küchenschränke und Spüle mit Armatur, Esstisch und Stühle, Bratpfanne, Kochtöpfe, Besteck, Tassen, Becher, Gläser, Teller, Gewürze, Öl und Essig, Milch, Kaffee, Tee, Kakao

**Für das Bad:** Waschbeckenunterschrank, Duschvorhang und Matte, Spiegel, Toilettenpapier und -bürste, Shampoo und Duschgel, Handtücher, Zahnputzzeug, Parfüm/ Deo, Glas- und Essigreiniger, Spülmittel und Waschmittel, Lappen und Putzmittel

**Elektrogeräte**: Waschmaschine (ab 250 €), Herd mit Backofen (ab 275 €), Kühlschrank mit Gefrierfach (ab 110 €), Radio (ab 80 €), Fernseher (ab 200 €), Staubsauger mit Beuteln (ab 60 €), Mikrowelle (ab 65 €), Toaster (ab 25 €), Wasserkocher (ab 22 €), Föhn (ab 20 €), Computer mit Drucker (ab 300 € und 70 €)

**Werkzeuge**: Bohrmaschine (ab 47 €), Schraubendreher, Hammer, Zange, Nägel und Schrauben, Dübel, Bitset, Zollstock, Kreppband, Maßband oder Zollstock

Sonstiges: Fahrrad (gebraucht ab 70 €), Bett mit Bettzeug, Lampen, Verlängerungskabel, Schuhabtreter, Taschenlampe, Besen mit Putzeimer, Vorhänge/ Gardinen/ Rollos, Wäschekorb und Wäscheständer, Papier und Schreibzeug, Bügelbrett und Bügeleisen (ab 22 €), Wecker, Aluminiumfolie/ Frischhaltefolie, Taschentücher

Du siehst, es läppert sich und es kommt einiges zusammen. Viele Dinge kannst du dir auch zu deinem 18. Geburtstag schenken lassen. Wenn du dir immer nur die günstigste Variante anschaffst, müsstest du allein für Elektrogeräte 1500 € weit in die Tasche greifen. Und dann sind da ja auch noch die ganzen anderen Sachen…Sicherlich wirst du Prioritäten setzen. Man braucht ja nicht gleich alles am Start zu haben.

# Altersvorsorge: Worauf sollte ich frühzeitig achten?

Noch sagt man, die Renten seien sicher, doch man kann schon skeptisch sein, ob sie das noch sind, wenn du ins Rentenalter eintrittst. Es kann zu großen finanziellen Einbußen kommen. Wenn du nicht in Altersarmut geraten, sondern deinen Lebensstandard halten möchtest, ist angeraten, sich um eine Altersvorsorge zu kümmern. Dies gilt, sobald die eigenen finanziellen Mittel dies zulassen. Die Aussichten sind jedoch umso besser, je eher man sich kümmert. Wenn die gesetzliche Rentenversicherung nicht mehr ausreicht, sollte eine private Möglichkeit her. Hier sind Möglichkeiten aufgezeigt, die sicher und effektiv einen Zugewinn im Alter darstellen:

Wer sich einen sorgenfreien Ruhestand verschaffen will, investiert schon früh in ein **Eigenheim**. Sobald du ein sicheres

Einkommen hast, kannst du schon daran denken, ein eigenes Haus zu bauen oder zu erwerben, welches du dann per Kredit mit einer langen Laufzeit abbezahlst. Die Zinsen stehen noch so günstig wie nie. Ein schlauer Schachzug ist, mit der **Leibrente** für eine Absicherung im Alter zu sorgen. Diese funktioniert so: Wenn du Immobilienbesitzer*in bist, verkaufst du dein Haus im Rentenalter oder auch schon früher. Durch die Leibrente behältst du jedoch ein lebenslanges Wohnrecht. Das heißt, du bleibst in deinem Haus wohnen und bekommst im Rentenalter jeden Monat eine beachtliche Summe, nämlich den Kaufpreis in Raten. Solange du lebst. Dann erst darf die/ der neue Besitzer*in sein/ ihr Haus nutzen.

Es könnte sein, dass du einen Job annimmst, bei dem du eine **betriebliche Altersvorsorge** durch die/ den Arbeitgeber*in nutzen kannst. Dadurch erhältst du eine Zusatzrente im Alter. Es lohnt sich durchaus, bei der Wahl des Arbeitgebers auf ein solches Angebot zu achten. Im Alter zahlt sich aus, was du in jungen Jahren schon anfängst anzusparen. Die Arbeitsspanne bei einem solchen Arbeitgeber muss aber mindestens drei Jahre betragen, damit es sich lohnt.

Die **private Rentenversicherung** ist ein sehr beliebtes Modell, um sich abzusichern. Jede*r zweite Deutsche besitzt diese Art der Vorsorge. Nach der Ansparung im Arbeitsalter, die einmalig oder monatlich erfolgt, bekommst du im Rentenalter monatlich eine Summe, die lebenslang gezahlt wird. Egal, wie alt du wirst. Die Einzahlung erfolgt in eine Versicherung oder in einen Fond.

# 18 Jahre: Wie steht es um meine Belustigung?

## Kinofilme und Spiele

Nun, da du 18 Jahre alt bist, darfst du dir alle Kinofilme ansehen, die ab 18 Jahren freigegeben sind.

Du darfst nun auch alle Spiele spielen. Rein rechtlich ist das möglich.

## Alkohol und Zigaretten

Auf Vorzeigen eines Personalausweises steht es dir nun auch frei hochprozentigen Alkohol, also Alkohol, der einen Alkoholgehalt von mindestens 18 % hat, zu kaufen. Dazu gehören insbesondere Rum, Obstbrände, Doppelkorn, Whiskey und Wodka mit mindestens 37,5 %. Korn mit mindestens 32 % Volumenprozent Alkohol gehört auch in diese Gruppe.

Es steht dir jetzt frei, Zigaretten zu kaufen und in der Öffentlichkeit, wo es erlaubt ist, zu konsumieren. Bedenke aber, dass Alkohol und Zigaretten ein großes Suchtpotential in sich bergen und die Gesundheit schwer schädigen. Sie können sogar vorzeitig zum Tode führen.

# Tattoos und Piercing

Nun bist du schon in einem Alter, in dem du dir auf eigene Verantwortung Tattoos stechen und Piercings machen kannst. Die Einwilligung deiner Eltern ist nicht mehr nötig.

# Wählen mit 18

Wenn du 18 Jahre alt bist, bekommst du für die nächste Wahl, das kann eine Bundestagswahl oder eine Kommunalwahl sein, eine Wahlbenachrichtigung.

Auf dem Wahlschein für die Bundestagswahl trägst du in Form von zwei Kreuzen deine Wahl ein. Deine Erststimme entscheidet darüber, welche Person aus deinem Wahlgebiet als Abgeordnete*r in den Bundestag kommen soll. Die zweite Stimme ist für die Partei. Sie entscheidet, wie viele Personen in den Bundestag kommen.

# Gap Year: Worauf sollte ich bei einem Auslandsjahr achten?

Die Fakten:

Viele junge Erwachsene wollen sich zwischen zwei Lebensabschnitten, nämlich der Schulzeit und der anstehenden Ausbildungszeit, ein sogenanntes Gap Year gönnen, eine Auszeit.

Wenn du diese Auszeit im Ausland nehmen möchtest, benötigst du einige Zeit als Vorlauf, um dich um anstehende Impfungen, Papiere, deine finanzielle Lage und Versicherungen zu kümmern.

Welche Vorkehrungen du treffen musst, hängt davon ab, wie alt du bist, in welches Land du reisen möchtest und wie mobil du im Land sein möchtest.

Die wichtigsten Möglichkeiten, die du für ein Auslandsjahr hast:

> **Europäischer Freiwilligendienst**
> Kann online beantragt werden und wird auf Abiturschnitt angerechnet.
> https://europa.eu/youth/go-abroad/volunteering_de

> **Freiwilligenarbeit im außereuropäischen Raum**
> Wird über Agenturen, über kulturelle, ökologische oder soziale Projekte vermittelt.

> **Sprachkurse im Ausland**
> Läuft über eine Agentur.

> **Au-pair**
> Wird über Agenturen vermittelt.

- **Work & Travel**
  Läuft in Selbstorganisation oder mit einem Starterpaket für den Anfang
- **Praktikum zur Ausbildungsfindung**
  Wird von einer Agentur etwa über ein Trainee-Programm organisiert, ist von der/ dem Teilnehmer*in selbst zu zahlen.
- **Auslandspraktikum während des Studiums**
  Beispielsweise über den Deutschen Akademischen Austauschdienst Deutschland (DAAD) oder über Universitäten und Hochschulen direkt
- **Erasmus-Programm**
  Informationen bei der Hochschule, Universität einholen.

Work & Travel, Au-Pair oder ein freiwilliges soziales Jahr, damit sind nur einige Möglichkeiten aufgezählt, die du hast, dein Auslandsjahr zu gestalten und Erfahrungen zu sammeln. Die **Krankenkasse**, die du hast, kannst du wahrscheinlich für ein Jahr aussetzen lassen, wenn du dich rechtzeitig darum kümmerst. Aber für den Auslandsaufenthalt benötigst du einen ausreichenden Krankenversicherungsschutz, der für genau das Land gilt, in welches du gehst. Wenn du über eine Organisation in ein Land entsendet wirst, kümmert sich wahrscheinlich die Organisation um den Schutz im Krankheitsfalle. Achte darauf, dass die Krankenversicherung auch etwaige Transportkosten zurück nach Deutschland übernimmt.

Du kannst natürlich auch selbst planen, welche Reise du unternehmen willst und musst dich dann selbst um eine Krankenversicherung kümmern. Dazu kannst du bei deiner Krankenkasse anfragen, welche Konditionen sie für eine Krankenversicherung im Ausland bereithalten. Die meisten gesetzlichen Krankenversicherungen versichern nur ins europäische Ausland. Planst du eine Reise außerhalb der EU so musst du wahrscheinlich auf eine private Auslandskrankenversicherung zurückgreifen. Die Krankenversicherung ist unumgänglich, denn im Krankheitsfall können hohe Kosten und große Unannehmlichkeiten entstehen. Es macht Sinn, dass die Krankenversicherung für uns in Deutschland Pflicht ist.

Anders ist es bei der **Haftpflichtversicherung**. Diese ist nützlich, ist aber nicht verpflichtend. Die Haftpflichtversicherung schützt einen davor, Schadenersatzforderungen in Millionenhöhe zu bekommen, falls man jemandem aus Versehen Schaden an Leib oder Eigentum zugefügt hat. Vor diesem Risiko bist du normalerweise durch die Haftpflichtversicherung deiner Eltern geschützt. Erkundige dich bei der Versicherung oder lies gut die AGBs, denn die meisten Versicherungen versichern mit Haftpflicht auch die versicherte Person im Ausland. Bevor du eine neue Versicherung abschließt, lohnt es also sich zunächst bei der bestehenden zu erkundigen, falls man eine hat.

Eine **Gepäckversicherung** ist nicht nötig. Wenn du mit dem Rucksack auf eigene Faust unterwegs sein möchtest, ist das Risiko, dass dir dein Gepäck gestohlen wird oder anderweitig abhanden kommt, recht hoch. Und trotzdem wird vom Abschluss einer Gepäckversicherung abgeraten, weil sie recht teuer ist. Um eine Summe von 2000 € ein Jahr lang zu versichern, musst du etwa 500 € bezahlen. Und damit wird nur der Zeitwert ersetzt, nicht aber der Neuanschaffungspreis. Viele Anbieter haben die Bedingungen noch dazu weiter eingeschränkt, sodass eine Versicherung nicht attraktiv ist. Wenn du eine normale Hausratversicherung hast oder in der Familienversicherung bist, müsste dein Gepäck eigentlich die ersten drei Monate versichert sein. Hausrat zahlt jedoch nicht bei Diebstahl, sondern nur bei Raub des Gepäcks. Also, wenn ein Täter dich mit Gewalt oder der Androhung von Gewalt gezwungen hat, ihm deinen

Rucksack zu überlassen. Der Moment, in dem jemand dir dein Gepäck stiehlt, ohne dass du es bemerkst, ist über die Hausratversicherung nicht versichert.

Wenn du für ein Jahr im Ausland lebst, benötigst du normalerweise auch ein Konto, von dem du deine finanziellen Mittel beziehst. In der Regel kann dafür das deutsche Konto weiterlaufen und genutzt werden. Sowieso bestehen innerhalb Europas selten Einschränkungen. Falls du längere Zeit an einem Ort lebst, so gibt es jedoch Länder, in denen du vor Ort ein Konto einrichten solltest, um reibungslos Bankgeschäfte tätigen zu können. Empfehlenswert ist auf jeden Fall, das deutsche Konto als Grundlage zu haben. Es könnten ja Probleme mit dem ausländischen Konto auftreten. Bevor du dich aus Deutschland verabschiedest, solltest du jedoch unbedingt in Erfahrung bringen, zu welchen Konditionen die Leistungen, die du benötigst, zu haben sind. Die Fragen, die du klären solltest, sind: Zu welchem Preis können Kontobewegungen durchgeführt und die Kreditkarte(n) genutzt werden? Kannst du an ausländische Bankverbindungen überweisen und wenn ja, zu welchen Kosten? Kannst du an den Geldautomaten deines Wunschlandes oder Wunschländer Bargeld kostenfrei oder wenigstens kostengünstig abheben? Ist das deutsche Konto in deinem Gap Year Land wirklich praktikabel?

Bei den Kreditkarten solltest du zweimal schauen, denn es gibt Karten, mit denen du an jedem Ort der Welt kostenlos Geld abheben kannst. Und für andere gibt es zeitliche oder räumliche Einschränkungen. Schau also genau hin, da deine finanzielle Lage ein maßgeblicher Faktor für den Erfolg deines Auslandsjahres sein wird.

Im Ausland wirst du so bezahlen, wie es üblich ist. Da sich der Trend, bargeldlos auch kleinste Beträge, wie die Brötchen beim Bäcker zu bezahlen, durchsetzt, wirst du deine Kreditkarte oft einsetzen müssen. Aus diesem Grund solltest du bei deiner Bank erfragen, zu welchen Konditionen der Einsatz deiner Karte geschieht. Unter Umständen wird dir für jeden Zahlungsvorgang ein Betrag von deinem Konto abgezogen. Und du willst ja nicht, dass dir hier hohe Kosten entstehen.

Das **Kindergeld** wird nicht unter jeden Umstand weitergezahlt. Wenn es nach der Volljährigkeit weitergezahlt wird, dann nur, weil deine Eltern dies beantragt haben und du einen Status der Ausbildung vorweisen kannst, sei es eine Ausbildung oder ein Studium oder wenn du bei der Agentur für Arbeit als arbeitssuchend gemeldet bist. Dann musst du aber auch vor Ort verfügbar sein und kannst dich nicht im Ausland aufhalten. Es gibt jedoch Gap-Year-Programme die als eine Art Ausbildung anerkannt werden können, wie das FSJ, das Freiwillige Soziale Jahr, und das FÖJ, das Freiwillige Ökologische Jahr. Wenn du an einem solchen Programm teilnimmst, kann das Kindergeld weitergezahlt werden. Wenn du hingegen ein Praktikum im Ausland absolvierst, welches nicht Teil des Studiums ist oder an einem Work & Travel Programm teilnimmst, bei Sprachreisen und Au-Pair-Jobs, an die kein Sprachkurs gekoppelt ist, bekommst du kein Kindergeld mehr. Du solltest dich also vorher erkundigen, welche Programme unter welchen Konditionen laufen.

In dem Land deiner Wünsche können **Impfungen** nötig sein, die bei uns nicht empfohlen oder dringend nötig sind. Das liegt daran, dass, je nachdem wie weit dein Wunschland entfernt liegt, es andere Krankheiten geben kann als hier. Darüber solltest du dich dringend rechtzeitig vor Reiseantritt informieren. Auf der Internetseite des Auswärtigen Amtes kannst du dich beim Thema Gesundheit unter „Reise- und Sicherheitshinweise" informieren. Stelle dir für deine Reise auf jeden Fall eine kleine Reiseapotheke zusammen, die wichtige **Medikamente** enthält, so wie Kopfschmerztabletten, ein Mittel gegen Durchfall und Pflaster. Auch musst du wissen, wenn du ständig Medikamente nehmen musst. Nimm dann in der Sprache des Reiselandes oder in Englisch eine Bescheinigung deines behandelnden Arztes über dieses Medikament mit. Finde heraus, welche **Blutgruppe** du hast und notiere sie dir.

Du kannst in fast allen Mitgliedstaaten der Europäischen Union mit dem **deutschen Führerschein** Auto fahren. Hier brauchst du also keinen internationalen Führerschein beantragen. Manche Länder erkennen jedoch nur den Führerschein im Scheckkartenformat an und manchmal muss der Führerschein in die Landessprache übersetzt werden. Hier gibt wieder die Internetseite des Auswärtigen Amtes unter „Reiseinfos" Aufschluss. Willst du jedoch im außereuropäischen Ausland mit deinem Führerschein Auto fahren, ist es nötig, dass du einen **internationalen Führerschein** beantragst. Diesen bekommst du bei der Führerscheinstelle des Straßenverkehrsamtes deines Wohnortes. Dieser ist jedoch kein eigenständiges Dokument. Der internationale Führerschein, ist ein Zusatzdokument, welches nur in Verbindung mit deinem deutschen Führerschein gilt.

In vielen Ländern wird ein **Visum** verlangt, wenn du dort legal leben und arbeiten möchtest. Dieses muss bei der zuständigen Botschaft des jeweiligen Landes beantragt werden. Welche Reiseunterlagen erforderlich sind, findest du auf der Internetseite des Auswärtigen Amtes bei „Reise- und Sicherheitshinweise" des ausgewählten Landes und dann weiter unter „Einreise und Zoll". Teilweise wirst du schon auf die zuständige Botschaft verlinkt.

# Endlich 18: Was ich machen darf oder lieber lassen sollte

Nun bist du endlich 18. Nun benötigst du bei vielen Dingen nicht mehr die Erlaubnis deiner Eltern. Du darfst in die Spirituosenabteilung des Supermarktes gehen und endlich alles durcheinander kaufen: Whiskey, Wodka, Doppelkorn, Tequila, Obstbrand, Schnaps...Einfach alles, was dein Herz begehrt. Keiner, der dich mehr stoppen kann. Und das darfst du alles wahllos in die hineinschütten. Rechtlich ist das möglich. Aber willst du das. Hoffentlich nicht. Du könntest schwere Schäden davontragen oder dich und andere im Vollrausch verletzen.

Du darfst jetzt endlich parallel zu deinem Alkoholkonsum rauchen und qualmen, was das Zeug hält. Auch das ist nicht empfehlenswert.

Oder bist du lieber ein*e Freund*in von Tattoos. Dann ist ja jetzt der Tag gekommen, an dem du beginnen kannst, deinen ganzen

Körper von Kopf bis Fuß tätowieren zu lassen. Rein rechtlich ist das möglich, denn du benötigst nicht mehr die Einwilligung deiner Eltern. Aber willst du das wirklich?

Ähnlich steht es mit den Piercings. Du brauchst nur zu sagen, wohin du die Ringe und Stecker haben willst, und schwupps, schon sitzt der Ring da, wo du ihn willst. Aber bedenke das gut.

Nun bist du 18 und hast schon deinen Führerschein. Dann darfst du auf der Autobahn so richtig aufdrehen. Mit über 200 Sachen auf der Autobahn. Rein rechtlich darfst du das in Deutschland. Aber, oh, wie schrecklich. Mach das bloß nicht.

Dann lieber eine Woche lang Filme ab 18 Non-Stop. Oder lieber doch nicht? Das ist nicht wirklich etwas für das Gemüt. Ob die Spiele ab 18 besser sind, wage ich zu bezweifeln.

# Fazit

Hoffentlich konntest du aus diesem Buch viele interessante und wichtige Informationen schöpfen, die dir helfen, dich auch deinem Weg ins Erwachsenenleben zu begleiten und für Orientierung zu sorgen. Vielleicht hast du auch einige neue Anregungen gefunden zu Themen, über die du noch gar nicht so nachgedacht hast. Dann wäre der Sinn dieses Buches voll getroffen.

Vielen Dank, dass du dich für dieses Buch entschieden hast und dich mit den für dich wichtigen Fragen beschäftigt. Hoffentlich hast du viele Antworten gefunden.

Neben diesen ganzen Fakten und dem trockenen Wissen, welches wir nicht auslassen können, dürfen wir nicht vergessen, dass du es bist, der/ die jetzt 18 wird. Für dich ist es wichtig, dass du einfach menschlich bleibst und dich erwachsen benimmst. Spätestens jetzt hast du die Aufgaben, Verantwortung für dich und die Gesellschaft zu übernehmen, die du mit deiner Meinung und deinen Taten positiv mitgestalten kannst. Obwohl, wie das letzte Kapitel aufzeigt, du viele Dinge darfst, macht es nicht viel Sinn oder ist sogar schädlich, diese Dinge bis an den Rand der Möglichkeiten auszuschöpfen. Du stehst jetzt an der Schwelle, deine eigene, tolle Persönlichkeit auszubilden. Wir wünschen dir alles Gute.

# Rechtliches

Alle Rechte vorbehalten. Nachdruck sowie Auszüge sind verboten.

Kein Teil des Werkes darf ohne schriftliche Genehmigung des Autors in irgendeiner Form reproduziert, vervielfältigt oder verbreitet werden.

Alle Angaben in diesem Buch erfolgen nach bestem Wissen und Gewissen.

Sorgfalt bei der Umsetzung ist indes dennoch geboten.

Haftungsansprüche gegen den Autor, welche sich auf Schäden gesundheitlicher, materieller oder ideeller Art beziehen, die durch Nutzung oder Nichtnutzung der dargebotenen Informationen bzw.

durch die Nutzung fehlerhafter und unvollständiger Informationen verursacht wurden, sind grundsätzlich ausgeschlossen, sofern seitens des Autors kein nachweislich vorsätzliches oder grob fahrlässiges Verschulden vorliegt.

Dieses Buch ist kein Ersatz für medizinische oder professionelle Beratung und Betreuung.

Jahr der Veröffentlichung: 2021

1.Auflage

# Impressum

Die Autorin Leonie Lenz ist vertreten durch:

Steven Schöneberger

Sickingenstraße 5a

55278 Köngernheim


Coverfoto: despositphotos.com

E-Mail: Schoenebergersteven@web.de